周易要义解析

◎吕云德　著

齊魯書社

图书在版编目（CIP）数据

周易要义解析 / 吕云德著. -- 济南：齐鲁书社，2021.12
ISBN 978-7-5333-4495-5

Ⅰ.①周… Ⅱ.①吕… Ⅲ.①《周易》-研究 Ⅳ.①B221.5

中国版本图书馆CIP数据核字(2021)第243647号

责任编辑　贺　伟
责任校对　王其宝　赵自环
装帧设计　刘羽珂

周易要义解析
ZHOUYI YAOYI JIEXI
吕云德　著

主管单位　山东出版传媒股份有限公司
出版发行　齊魯書社
社　　址　济南市英雄山路189号
邮　　编　250002
网　　址　www.qlss.com.cn
电子邮箱　qilupress@126.com
营销中心　（0531）82098521　82098519　82098517
印　　刷　山东星海彩印有限公司
开　　本　880mm × 1230mm　1/32
印　　张　10
插　　页　2
字　　数　190千
版　　次　2021年12月第1版
印　　次　2021年12月第1次印刷
标准书号　ISBN 978-7-5333-4495-5
定　　价　45.00元

伏羲

远古，先人对自然现象及规律认知初萌，在积极探索中，圣王伏羲以圭表测日影时，产生了阴阳的概念，并以“⚊”为阳、以“⚋”为阴作为符号，进而以不同阴阳符号组合，作为天、地、水、火、风、雷、山、泽的标识，始创八卦，开辟了华夏文明的先河。

仓颉

黄帝时期的造字左史官，史称仓颉先师、造字圣人。仓颉夜观天象，日察鸟兽形迹，深受启迪而创作文字，并分门别类收集整理，应用于生活实践，奠定了华夏文明的根基，为后世子孙奉为文祖。

周文王（当时为西伯）被商纣王囚禁在羑里，日夜推演、研判八卦。传说他在《伏羲易》《归藏易》《连山易》的基础上，结合世人千年万载对天地之道、社会发展规律及人生命运不断求索的实践，发挥天才的想象力，依据万物皆具阴阳的理念，将古易原三爻卦画改变为六爻卦画，创作出《周易》六十四卦，并撰写了卦辞，即传至今世的《周易》。

周文王

周公

与文王、武王同为周朝的缔造者，被后世誉为一心为公无私奉献的楷模，“周公吐哺，天下归心”是对其最真实的褒奖与考证。他极其重视《易经》教化功能及传承应用，不顾繁重政务缠身，运用通俗人事及常见自然现象，穷尽心力将各卦逐一添加了爻辞，深入浅出、形象生动地诠释卦辞原旨，拓展了卦体的容量和空间，使之具有无所不包的经纬度及易于认知的微妙具象，为《周易》的丰富、升华和普及传播做出了不可磨灭的贡献。

老子

本名李耳，曾为周朝守藏室之史，负责典籍整理及藏书，以创作一部《道德经》而举世闻名，被道家学派尊为始祖，更为世人奉为太上老君。

《道德经》共八十一章，近五千言，深刻阐释了“道法自然”的理念。《道德经》进一步深化发展弘扬了易之思想，确立了中华民族遵循自然法则的世界观，成为民族灵魂塑造的奠基人。

孔子

孔圣人年近五十方研读天书《周易》，以致日夜攻读，竟将系竹简的牛筋磨断了多次。传说他率领弟子倾心编撰了《象传》《象传》《系辞》《文言》《说卦传》《序卦传》《杂卦传》等“十翼”之大作，以解读、诠释、传播《周易》的思想精髓，并使之成为儒家思想体系的重要组成部分，为铸造中华民族精神奠定了深厚基石。

目 录

概　论

《易经》弥纶宇宙之奥秘，蕴含自然之大道，通天地之玄机，开凿中华民族灿烂文化之先河，孕育了华夏薪火相传之文明，造就了难以尽述的风流人物。

自远古圣祖伏羲首创“伏羲易”始，后继者不乏炎、黄、尧、舜、禹、周文王、周公、老子、孔子这样的圣人，亦不乏大众耳熟能详的姜太公、鬼谷子、黄石公、袁天罡、刘伯温这样的传奇人物，更有历朝历代无数有建树有作为的帝王将相、文人才子，他们将所学易理易术应用于实践，或传道解惑，或治国安邦，或经营民生，或经略武备，或隐身修行，或倾心学术，或发明创造，或悬壶济世……是无以计数的志士仁人、智者贤达弘扬光大了中华易学思想，进而铸就了中华传统思想文化的基石，成为华夏子孙亘古不移的灵魂，儒释道诸教的根脉深扎其间，老庄、孔孟及诸子百家学说无不从中汲取丰富的营养。老子半生修易治易而创作千古不朽之《道德经》；孔子“五十以学易”，如获天赐瑰宝，日夜研读不倦，以致将束竹简的牛皮条磨断了多次。孔子殚精竭虑主导编撰了《彖传》《象传》《系辞传》《文言传》《说卦传》《序卦传》《杂卦传》，名曰“十翼”（其中《彖传》《象传》《系辞传》分上下篇，共计十篇），用以解读、阐释易义易理，为易学的传承做出了不可磨灭的贡献，从而奠定了中华民族渊博深厚的思想文化基础！

此后数千年，或著述解读，或应用实践，纷至沓来者灿若星汉。

在中华传统文化范畴中，无论是民族性格、风俗习惯，还是思想理念，以及政治、经济、军事、科学技术、文学艺术，无论是涉及天文地理还是世道人伦，凡与中华文明相联系的一切，皆不出易之藩篱。“易与天地准”，易乃弥纶天地之绝学，其智慧达到了天人合一的至高境界！

《易经》是几千年来，先人对宇宙奥秘、自然法则、社会发展、人生命运变化规律的概括总结及把握的学说，“象数理”是其了解、解析事物本质及演变的方法和工具，其所涵盖的海量信息，甚至现代科学也难以企及，以至有人疑其为上个冰河时代的文化遗迹。

学易知易，知天道地道世道人道，一切困惑迷惘皆可烟消云散，令人能够从容面对人生。世人谁无生老病死七灾八难之忧，谁无进退荣辱利害得失之患，谁无富贵贫贱之疑惑，谁无吉凶祸福之烦恼，谁无识人交友如何融洽人际关系之彷徨？千丝万缕的生活俗事纠缠着每个人的心，令人懊恼、颓丧、憎恶，甚或失掉生活乐趣，丧失生存信念。可是，对一个学易知易者，一切都会轻松化解！

学易知易会让你超越平凡人的界限，上升为智者贤达。

易学在其创生发展的进程中，逐渐分化为“易理”“易术”两大流派。“易理”者侧重以“象数”喻理，“易术”者侧重以“象数”喻术，并形成官与民、士与俗之分别。在世俗层面，易学往往与江湖术士谋利图财相联系，有很大的宿命、迷信等负面色彩；而在文化层面，易学则被视为文韬武略、治国安邦之重器，举凡有大作为者，往往是学易知易用易之士。

实则，易理易术乃为易之一体两面，一鸟两翼。易理以其自然观、社会观及人生命运观，从宏观到微观皆分解阐析备至，而易术的至精至微则可以窥测天机，有可悟而不可言说之层面。

易学创始、确立了中华民族的自然观，并揭示了其发展变化的规律，认为宇宙原本是混沌未化阴阳未分的形态，并以“太极”来表示，在不断运动演变过程中，终以阴阳“两仪”分天地，轻清之气上升为天，此为阳；浊重之气下沉为地，此为阴。阴阳有强弱，以太阳、少阳、太阴、少阴而分

“四象”，四象而生“八卦”：乾（天）坤（地）坎（水）离（火）震（雷）艮（山）巽（风）兑（泽）。这八种自然现象演变化生成万有各异、众物竞生的大千世界，从而开启了人类认识世界的门径。对此，老子有最为精湛的表述：“人法地，地法天，天法道，道法自然。”

传说周文王于被商纣王囚禁期间，在“伏羲易”“连山易”“归藏易”的基础上重重推演“周易”。在不断深化对自然规律认知的同时，逐渐延展对社会及人生命运变化规律的揭示，以及需采取的相应姿态和应对谋略，并以六十四卦做了精彩而深刻的描述：

以乾阳坤阴符号代表天地，以“屯”代表天地之后生命的新生；以“蒙”表示生命起始后的蒙昧状态；以“需”体现生存发展必需的条件；之后是以因需产生竞争而引起的争“讼”；因讼事有失公道或未达目的而爆发战争，“师”应运而生。师乃兵众之称谓，生死之枢机。师中官兵有序，等级森严，令行禁止，阶级由此始分。因级别不同而必有“比”，有比较则有鉴别，高低上下界限分明。由战争掠夺的财富按级别及功绩分封赏赐，一些富有者便是“小畜”的代表；因富贵贫贱差异分化逐渐加剧，实现“履”行礼仪。至此，原始部族社会向文明社会发展的形式便基本形成了，进而慢慢发展到了天下通“泰”的局面。

然而，阴阳交变，物极必反，周而复始。依据易学自然运行法则，以及阴中有阳、阳中有阴的辩证理念，任何事物都不是静止永恒的。“泰”在其持续发展过程中，亦在自然而然地进行着“否”的演变，由此，泰极否至、否极泰来的社会形态不断地循环往复。

在探索事物演变规律上，易学智慧完全揭示并展现了其本质特征，请看以下十二消息卦——复（䷗）临（䷒）泰（䷊）大壮（䷡）夬（䷪）乾（䷀）姤（䷫）遁（䷠）否（䷋）观（䷓）剥（䷖）坤（䷁）。人们只要认真观察一下各卦各爻之间的演变，便能悟到其中蕴藏的奥秘，便能由浅入深、由表及里地了解事物变化的法则，从而由此及彼，顿悟诸多天地端倪，破解万千世俗难题。

从这个基点上展开去，人们会发现自己的生命乃至所面对的整个世界，许许多多曾深感迷惑不解的事情，尽皆释然。譬如对命运的困惑，人们不再单纯愚蠢地轻信“生辰八字定终身”的谬说，姑且不论这种说法迷信与否，至少我们会意识到这是一种绝对论的错误，它完全否认了“天地人”相辅相成、相生相克的制衡关系。

深读精研《周易》会慢慢发现，其六十四卦浑然如一台精密的仪器，天衣无缝地组成奥妙无穷的有机体系。除前所述诸卦，再来看其他各卦的呈现：泰来否去，否极泰来，自然、社会、人生无不循此道。泰乃小往大来，否乃大往小来。否时一切皆逆向演变，自然界表现为阴盛阳衰，社会则显现君子道消，小人道长，分帮结派，秩序紊乱，随后“同人”胜出……同人卦之后是“大有”卦，简言之，同道人聚首，万众同心方能大有收获。收获的不仅仅是财富，经验、智慧才是最大的有！如此，自然懂得“谦”的重要性，知天意而敬畏。谦虚使人进步，谦逊之人求知若渴，因此知识才会更加丰富，深厚的经验智慧必然会就诸多问题做出正确的预知、预判，这就是“豫”卦的功能，所谓先见之明，预知吉凶。特别是面对事关生死存亡、成败荣辱的“随”，如随什么风向，随什么时势，随什么人，随哪帮哪派这样的重大抉择，没有高瞻远瞩的预见预判，结局不堪设想！

随卦之后是“蛊”卦。随波逐流，各色人等良莠不齐，各怀心腹事，蛊乱必生。蛊乱乃人性之陋，只要人类存在，蛊乱便不会断绝。然而，有乱必有治，圣贤临世统御自在其间。若使治理得法奏效，必须全面深入“观”察，观卦自然而出。观需宏观微观、内观外观、上观下观，仔仔细细看透彻看明白了，防止片面性，把握事物的本质才能从根本上解决问题。治蛊戡乱唯有“噬嗑”刑罚别无他法，噬嗑卦之主旨，乃是制定刑法设立监狱，将那些邪恶之徒像对待疯狗一样圈起来，乱象才能平息，天下才能太平。但“噬嗑”的残酷性不容否认，要对其有全面正确的认识，要将其真善美的一面展示出来，“贲”饰美化功能不可或缺，健康安定的社会需要正能量，美好事物需要弘扬光大。

贲卦之后是“剥”卦，剥有蚀落、披露之意，以免粉饰太过，乃至自欺欺人。剥亦有剥削寄生之含义。剥卦随后是“复”卦，意思是反复其道，持久才能成就。反反复复，以至“无妄”，其卦义要旨是没有任何非分之想，毫无不切实际的企图妄念，心神沉静，尽人事以因求果，听天命顺乎自然，有此心态才能获得“大畜”之厚报！大畜是拥有重大财富及丰硕成果。成功了，发达了，有钱有势了，人生步入一个新的境界，以往朝思暮想而不可及的事情，如今信手拈来，尽情享受人生，得意尽欢，提高生活水准，“颐”顺势而至。颐养天年，人之所欲，无可厚非，倘若骄奢淫逸，纵情肆意追求异乎寻常的生活，腐败、堕落在所难免。这样就过了，这过不是小过，而是“大过”，穷奢极欲必至大灾大祸，特别是一些位高权重的人，可谓遗患大焉！这样一来，“坎”险就难以避免了。坎乃两水重叠所致险陷，一失足成千古恨，跌落深渊方知悔过。绝境中希冀光明美好乃人性的本能，“离”火所代表的正是这种不灭的愿望！

以上三十卦为上经，基本讲了自然创生、社会形成、人生命运发展变化的问题，下经二十四卦则大致讲的是如何面对和处理好这些问题的方法及谋略，如何由进步到进化上升到一个更高的境界，并就一些规律性做出了科学的论断、总结。

请看下经伊始之“咸”卦。古人“咸”与今人“感”同音同义。人类对于事物的认识首先是从感觉上来的，感知感应，感而遂通，感觉到这一切，并由意识到认识，无论天地之道还是世道人伦，欲持久必须守“恒”。恒心恒志恒力恒动，万事无恒难成！接下来的“遁”为形势所必然，只有潜伏、隐遁、修德蓄才，苦练功夫，才能“大壮”！盛强壮大，有利有力，自然会更上一层楼，所以接下来是“晋”，晋级、晋升，由初级到中级至高级，不断进取。自然之道有进必有退，有起必有落，晋到一定程度难免脱离实际，“明夷”受伤受挫在所难免，此时当审时度势，效法落照暗明，学习火山内炽，继续发光发热，将雄心抱负藏于胸中，暂时回归退隐“家人”之中。家是栖息疗伤的最好场所，患难见真情，家人可亲可信。但英雄长久闭居家中，不啻虎落平川，凡俗小民聚集，卑琐性情难免“睽”乖生隙，因睽而生疑，因睽而误解甚多，因睽而嫉妒纷争乃至矛盾四起，再加之民生不免艰辛，由此“蹇”难纷至沓来。然而，有矛必有盾，有难必有“解”，解释误会，解除纠纷，解决问题，解脱禁锢，解放思想，费尽心机，“损”是自然的。损耗、损丧、损失无法避免，一损再损乃至无“益”，无益必有益！利益相对于损害，二者互为条件，相互依存，而“夬”则是因损而益的结果。夬乃决也。经历了诸多家庭凡俗琐事的磨蚀，终于在不尽的苦涩与懊恼中有了更加清醒的意识，宝贵的生命不能就此蹉跎，要发愤图强，要为实现理想和生命价值而不懈奋斗！心定意决，离家出走，决绝脱离使人堕入平庸的世俗环境，重新寻求奋发向上的机会；“姤”是新机遇、新机缘、新时运。邂逅于途，姤遇新人，与众多出类拔“萃”之人相逢相聚；群英荟萃，与杰出人物比肩为伍，向德才兼备者看齐，不断提“升”自己，升级升高，晋升荣升，不断向上攀升进取。但此路不会一帆风顺，也不可能持久，新的“困”比如困惑、困顿、困难随之而来，上升之势渐渐为困所阻，再度陷入困厄之中。这时该当如何？磨砺出利剑，困境育英豪，真英雄任何时候都能找到自我，找到出路——潜心凝志修“井”德，以井为榜样，蓄水蓄才，积德积能，修成清泉、甘泉、寒泉，成长为良泉、名泉，奉献天下，恰似德才兼备的人才，终将为社会所赏识重用。德馨才俊的杰出人物，获得与其相匹配的位置、权柄，必然是站高望远，深谋远虑，弃旧图新，改“革”创新，革新、革命乃为本色。革新是在旧基础上有所改变、有所突破，而革命则是将旧有的一切推翻重来，这样的作为必然引起剧烈的震动。“震”，震惊、震慑、震撼，如雷贯耳，惊心动魄，地震、雷震，都是极其可惧的现象，是大自然的神威，惊天动地，震慑鬼神；社会震动则会翻天覆地，降妖伏魔，铲除邪恶，阵痛势不可挡。但是，任何震动都只能是短暂的，难以持久，必为“艮”止所阻。艮为山为止，停止、禁止、阻止，横亘如山，不动不摇！

潮起潮落，一起一伏一平，一呼一吸一息，天道反复，需“渐”行渐进。任何事物的发展都不是一朝一夕的事儿，合抱之木生于毫末，千里之行始于足下，雏鸟破壳、羽翼丰满亦是渐生渐长。

许嫁少女渐渐长成回归夫家，是天道之规律，亦是人道之信实。渐渐而“归妹”，如期履行嫁娶之礼仪，践行至诚无欺之和亲大义，谋得天下安宁太平，是为社稷谋福祉，是最大最根本的吉祥之举。由此而至“丰”境，丰收、丰满、丰富、丰硕，丰年大吉大利。古代华夏民族以狩猎、农耕为主业，求生存求发展，丰收是全天下人的大希望！丰意味着五谷丰登，六畜兴旺，收获满满，意味着吉祥如意，普天同庆。

生命不息，奋斗不止，追求是人生最有意义的事。古人倡导读万卷书，行万里路，出游行“旅”，图新求异，广见多识，吸取经验，增长能力，寻找更加广大的生活空间，开创更加美好的人生道路。此外亦有其他种种境遇之旅。总之，出门在外，离乡别土，旅游、旅居生涯中，需把握自己的气质风度，

“巽”风有柔有刚，劲可摧枯拉朽，柔可无孔不入，“巽”木坚韧茂盛，漫山遍野无处不在，野火烧不尽，春风吹又生。可是，仅此还不够，还要严把口舌、言辞之关，“兑”若口说，“兑”若泽水，口舌如利剑，水多易成患，常言道“病从口入，祸从口出”，唾沫可以淹死人，亦能淹没自我，以此为基础，尚需防止“涣”散、散漫、无序的状态。旅外无拘无束，长此以往，习以为常，身心涣散好似一盘散沙，其患无穷，治涣防患当用“节”。天地无节而阴阳难分，四季不成；社会无节秩序混乱，不成体统；人若无节则形同野猫疯狗，乱跑乱窜，亦似洪水四溢、泥沙俱下，天不灭则自灭！

最后的“中孚”“小过”“既济”“未济”四卦，应该是对全经的概括总结：“中孚”在说诚信类似规则、规律的东西，是人之所作所为一切的根本，不可违逆，不可背离，失去诚信犹如失去天道，因果必现！无论一个人、一个团队还是一个国家，没有诚信，久而久之必丧尽人心，自毁前程，无须天诛地灭！其次讲“小过”实在难免，人非圣贤，孰能无过？偶尔有点小过失、犯点小错误，无碍大节、大局，太过谨小慎微以至寸步难行，亦不可取。何况求大舍小乃权衡利弊之使然；谋求大利大义，损失小名小利，何足挂齿？

历经千辛万苦、千锤百炼，终于大愿得偿，“既济”如期而至，功成名遂，功德圆满，理想抱负成为现实！

既济之时，人生处于辉煌时期，社会处于鼎盛时代，可是前程永无止境，既济只是在一个点上、一个层面上的成就，好比爬上了一座高峰，前面还有更高的山，只要一息尚存就无法止步，这就是“未济”！未济是未达、未竟、未成，是人生的另一个起点，仍需从头开始，仍需重新起步……

《易经》历经中华民族自远古、中古、近古长达几千年的创造发展，凝结了无数神灵般先人的精神智慧，为我们子孙后代传下这样一部通天地之道开心灵之窍，启迪、拓展思维空间的奇书。可是经久以来，《易经》竟在某种形式与程度上，被曲解误读，甚至被束之高阁，抑或成为少数人的专利，不能为广大民众及全社会服务，实在不能不说是天大的遗憾！

试想，这“天书”当真只是给少数有缘人看的吗？

《易经》的思想智慧凝聚、总揽大千世界全部信息，上述解析只是从一个视角、一个层面的管见，属一人所悟、一家之言，是笔者历经十数载潜心学研，去伪存真，解疑释惑，以图窥测天机的一点心得而已，并力求以人人都能看明白的通俗话语表述出来，愿与更多学易知易者交流分享！

初稿于 2018 年 2 月 5 日

修改于 2019 年 4 月 9 日

定稿于 2020 年 11 月 11 日

• 第一卦　乾卦:(天天乾) ䷀

卦辞: 乾，元亨利贞。

爻辞:

初九，潜龙勿用。

九二，见龙在田，利见大人。

九三，君子终日乾乾，夕惕若厉，无咎。

九四，或跃在渊，无咎。

九五，飞龙在天，利见大人。

上九，亢龙有悔。

用九，见群龙无首，吉。

乾象：时空六合，天际九重，大千世界，至尊至尚。

卦辞解析:

乾象为天，以主宰一切为帝，以功能用途为亨通，以达成目标为利益，以人之性情为正义正道。乾天至大原始，畅行无阻，有益有利，系一切光明正大、积极向上的因素。

天意秉承精神道义，弘扬正义正气；天数蕴藏玄机，神鬼莫测；天时持节，守则守信，节令节气，节制节律；天命乃为天赋使命及自然法则涵盖的因果，神圣难违；天道则是自然运行的规则、规律，周而复始，永恒不殆。

乾道龙德，独立不惧，天品高尚，无私无畏，克己无我，龙行天下。君子知天命而守天道，肩负使命，效法天德，广施恩泽，养育天下万民！

天为元首为主宰，使臣差役分管天下，人群物类良莠贵贱，各有所属，各行其道，各具因果。灾祸病患，健康平安，各自所为，各得其所，奖罚分明。名利富贵，淡泊平凡，因人而遇，因命而异。正人君子，尊天守道，正义正气，正心正身，尊天谋事，所为不欺，尽人事，积善行，与天道合一。

恶行伪善逆天背祖之辈，必致天怒人怨遭天谴！

上天不言，把一切都看在眼里，然后以不同的方式对待每一个人。《象传》曰："天行健，君子以自强不息。"有理想、有志向、有抱负的人，当以天为师，终日乾乾，不忘初心，矢志不移，始终如一，善用阳谋："潜龙勿用"，"见龙在田"，惕龙若厉，龙跃入渊，"飞龙在天"，"亢龙有悔"，神龙不争！

中华民族以乾道为宗旨，以龙德为灵魂，独立不惧，前赴后继，改革、创新、创造，成就千秋伟业，普及天道人伦，为实现世界大同不懈努力！

爻辞解析：

“初九，潜龙勿用。”事物初始、幼弱之时，不可用；时值成长阶段，无所用。“勿用”喻义怀德之人未名时，身处下层，平俗无闻，不可贪功求成。其时，有道君子为远大理想潜心苦学苦修，不断增长才干德能，求得真本事真功夫，是为“潜龙”。

龙德乃天道精神的具体体现。

“九二，见龙在田，利见大人。”潜龙经过充分时段的刻苦修炼，已有些成绩和收获，打下良好的基础，取得初步的成就，引起了人们的关注，因此接触到大人物，并得到青睐和重视，即在原始的基点上有了展现自我的机会。

“九三，君子终日乾乾，夕惕若厉，无咎。”君子始终发扬奋发向上、自强不息的精神，每日三省自己的过失，朝夕警惕随时会出现的危险，这种状态很好，不会有错误、灾祸发生。

“九四，或跃在渊，无咎。”在实现了“见龙在田”良好业绩的基础上，时刻警醒自己继续保持不懈奋斗的精神状态，或者可以选择再度深潜高隐，以便进行更高层次的修行，为争取创造更大的成就做足功课。

“九五，飞龙在天，利见大人。”有道君子经“潜龙”“田龙”“惕龙”“隐龙”至“飞龙”，终于腾云驾雾，一飞冲天，遨游寰宇，行云布雷，挥洒甘露，润泽天下，一展雄心抱负，可谓脱胎换骨，从而跻身高层，乃至与决策人物比肩。

“上九，亢龙有悔。”任何事物过则逆反，盛极则衰，这是天道使然。龙飞九重，超越极限，必至险境，所以有悔吝，有麻烦。

“用九，见群龙无首，吉。”事物演变到一定时机，必将周而复始，人类社会发展也是一样。此时，有一个短暂的平息期，阴阳交变，雌雄未判，“群龙无首”是必然的。然而，天道不可违，群龙无首必有首，“首出庶物，万国咸宁”，则是另一个起始开元的境界，天命大首“神龙”必将横空出世。

“用九”即秉持不变之天道，顺应自然规律及社会发展规律，则吉利吉祥。

注释：

乾：天、阳、刚、健、男、君、父。

元：至大、原始、首脑、本质、先天。

亨：通达得利、畅行无阻。

利：收获、得益、钱财、顺利、有利因素。

贞：道义、正道、坚守、卜筮。

潜龙勿用：时值潜藏阶段不可为用。

xiàn
见龙在田：见即现；潜龙现身、显形于田野。

利见大人：有利于接触结识大人物。

君子终日乾乾：怀德之人每天都奋斗不息。

夕惕若厉：朝夕警惕会有危险。

无咎：没有过失、麻烦。

或跃在渊：或可以继续深度潜伏修行。

飞龙在天：大愿得偿，一飞冲天，真龙现身。

亢龙有悔：盛极而衰，过则反转。

用九：把握平衡度量而及终始。

见群龙无首：事物发展过程中短暂的紊乱无序状态。

吉：吉运亨通，大吉大利。

• 第二卦　坤卦:（地地坤）䷁

卦辞：坤，元亨，利牝马之贞。君子有攸往，先迷后得主，利西南得朋，东北丧朋，安贞吉。

爻辞：

初六，履霜，坚冰至。

六二，直方大，不习无不利。

六三，含章可贞，或从王事，无成有终。

六四，括囊，无咎无誉。

六五，黄裳，元吉。

上六，龙战于野，其血玄黄。

用六，利永贞。

坤象：四面八方地中地，宽广深厚以承载。

卦辞解析：

坤象为地，地性为阴，深沉厚重，有容乃大。地德仁厚，柔韧温顺，宁静安详，圆融负重……老子云："人法地，地法天，天法道，道法自然。"天高地低，天阳地阴，天尊地卑，天男地女，天地相交，阴阳和合而生万物，地从天顺天以孕育承载新生命，乃为自然法则。

坤地至大原始，通达得利，是其生命本质固有的存在，坤地对乾天的遵从逊顺，有如牝马对公马的驯服忠贞一般，始终不渝，从一而终。君子效仿牝马的高贵品格，弃暗投明，择明君明主而事，有发展有前途。"西南得朋，东北丧朋"，是说西南方向有利，有同道、盟友相随相助，东北方向则相反而失利；另有一说为“西南得明，东北丧明”，朋为明之笔误。乃以月盈月缺之象，喻义西南方位正处于安宁、安全，正义正道、吉利吉祥之中，是兴周灭商大业的希望之地。

《象传》曰：“地势坤，君子以厚德载物。”自古至今，君子贤达无不效仿地德，负阴抱阳，合德无疆，含弘光大，胸怀天下，以仁义淳厚之心，广济众生，以亦刚亦柔刚柔相济之情操，能屈能伸，忍辱负重，严以律己，宽以待人，广施恩德；以无比热忱忠贞之情怀，至真至诚，为国为民呕心沥血，周公吐哺，忠贞不移；以坚忍不拔之品格，为事业为理想选定目标，慎终如始，初心不改，百折不挠，滴水穿石，以柔克刚；以勇于牺牲的大无畏精神，不畏潮流，不畏险阻，浩气长存，感天动地！

大地像慈爱的母亲一样，以她甘甜的乳汁养育着人类儿女，用她无比温暖的胸怀拥抱世界……

爻辞解析：

“初六，履霜，坚冰至。”任何事物的发展变化都有其信息和现象，行走在霜降的路上，便会感知冰雪季节不久将到来，以便提前预防，早点做些准备。

“六二，直方大，不习无不利。”直方大乃大地之象，亦为君子之德，引申为正直方圆博大，坚守这种坤道地德精神，把握了这个根本，即使不常常温习、修炼也没有什么不利之处。

“六三，含章可贞，或从王事，无成有终。”饱学道德文章，胸怀天下，坚定不移地坚守正义正道，便可以服务于君王。为国家做事，即使没达成意愿，或没有什么大成就，也会有好的结局。

“六四，括囊，无咎无誉。”大地之象深沉宁静，大地之德仁厚承载，括囊意为扎紧口袋，管住嘴巴，不轻易显露才华，谨言慎行，不会有过失、祸患，也不会显名和获得荣誉。

“六五，黄裳，元吉。”大地像穿着黄色的衣裳。黄色乃黄土地之表象，保持坤道大地的本色，是其根源、本质决定的吉事、吉运，必然会大吉大利，畅行无阻。

“上六，龙战于野，其血玄黄。”坤地阴极而生阳，与乾天阳龙相争于郊野，以致两败俱伤，乾龙血色黑，坤龙血色黄……坤阴依附乾阳，地道顺从天道，天为地首乃自然大道之序，不可乱，不可违，若阴疑阳、逆阳，以致地不从天必战！

“用六，利永贞。”“用六”以保持坤道之纯阴，使其平衡持恒，本质本性永久不易不变。这是坚守自然大道最可取可靠的方法——善为妙用中行不变之道！

注释：

坤：地、阴、柔、静、女、臣、母。

元亨：至大原始，通达得利，畅行无阻。

利牝(pin)马之贞：母马对公马从一而终，这种忠贞不渝的精神有利于正义正道的事业。牝马，母马。

君子有攸往：正人君子有发展有前途。

先迷后得主：起初迷失方向而后得遇明君、明主。

朋：朋友、同志、盟友；古代钱币，十贝一朋。

利西南得朋：西南方位有利，会得到同道盟友的支持帮助。

东北丧朋：东北方位失利，会失去同道朋友。

安贞吉：安静、坚贞、守正，吉利吉祥。

• 第三卦　屯卦:（水雷屯）䷂

卦辞：屯，元亨，利贞，勿用有攸往，利建侯。

爻辞：

初九，磐桓，利居。贞，利建侯。

六二，屯如邅如，乘马班如，匪寇婚媾，女子贞不字，十年乃字。

六三，即鹿无虞，惟入于林中，君子几不如舍，往吝。

六四，乘马班如，求婚媾，往吉，无不利。

九五，屯其膏，小贞吉，大贞凶。

上六，乘马班如，泣血涟如。

屯象：雷行雨施，刚柔相济，欣逢天时，万物萌发。

卦辞解析：

乾天纯阳，坤地纯阴，阴阳相交，孕育诞生新生命。屯像一株破土而出的幼芽，始生面世，一切都是新鲜陌生的，同时充满着迷惑与风险，既需要阳光雨露的滋润，又要经历风霜雪雨的洗礼，又如一朝分娩的新生儿，突破娘胎，落俗降尘，幼小生命稚嫩脆弱，因而不免困难重重，前途渺茫，但其内在的强大生命力，会使他天天变样儿！

屯乃事物初始、生长阶段之状态，幼弱、稚嫩却充满生机，成长前景可望可期。“元亨”是其根本，至大原始，通达得利，乃命中注定；有发展有前途有益处有收获，是其本质本性的作用。故而，有利于坚守正道。屯亦有囤积、积蓄、储存、存量之意。屯时，不可利用求发展，适宜打基础，建立根据地，巩固侯国势力。

诸事草创，新人出世，新生活伊始，新生力量崛起，一切具新意的东西，皆为屯义。树立远大理想抱负，确定人生宏伟目标，追求自我价值实现，达成心灵大愿，一切皆需从零开始，从点点滴滴做起，正所谓“合抱之木生于毫末，千里之行始于足下”。试问，世间哪个有创建有作为名垂青史的伟大先贤，不是从襁褓中成长起来的？哪个英雄豪杰不是从默默无闻到名扬天下？任何成就无不是从屯时开始，无不由最低级最末流做起。

爻辞解析：

“初九，磐桓，利居。贞，利建侯。”磐石有其牢固坚实不可动摇之形态气势，磐桓则是难以撼动缠绕不移之象，其情状曳止难进，固守不前，宜于据守，利于坚贞守正，固本培元，其大势有利于建立诸侯国，发展根据地。对个体人生而言，事业草创，打基础求生存乃是第一位的！

“六二，屯如邅如，乘马班如，匪寇婚媾，女子贞不字，十年乃字。”事业发展初期，艰险难进，踯躅不前，方向不定，容易迷返。迎亲仪式由于过分张扬竟被疑为匪患；女子过于坚守贞节而不嫁，一直待字闺中，十年后才出嫁。

时值变化阶段，诸事均应保持低调，恪守本分，秉持中行之道，不可陡生妄念。

“六三，即鹿无虞，惟入于林中，君子几不如舍，往吝。”即将猎获到一只鹿，鹿脱险逃入森林深处，君子明智几经思索决定放弃，不再追捕。如果继续穷追不舍，必定会因遇上意料不到的麻烦而后悔。

此时事业处于发展阶段，不可苛求大成果。

“六四，乘马班如，求婚媾，往吉，无不利。”一队人马浩浩荡荡前往迎亲，吉利吉祥，称心如意，没有任何不利之处。此时恰逢事物生发、晋升阶段，“乘马班如”恰如其分，合情合理，正当得位，良机良缘。

“九五，屯其膏，小贞吉，大贞凶。”屯之时诸事坚守正道求小皆吉，若失道盲目求大，则为凶兆凶象。何况聚积佳肴膏脂、囤积财富这种事情呢？

“上六，乘马班如，泣血涟如。”一队人马奔丧，哀声涟涟，竟至有人因悲痛已极而泣血，足见死者是多么至亲至爱的人物。物极则反，乐极生悲，这是由屯卦的局限性及先天性质决定的，系天道天命所致。

注释：

屯：初生、起始、萌发、聚积、囤积。

元亨：至大原始，通达得利，畅行无阻。

利贞：有利于正义正道，坚贞守正则有利。

勿用：不用、不要、不可、无须。

利建侯：有利于建立诸侯国，开创根据地。侯，诸侯、王侯，爵位、封号。

磐桓(pán huán)：萦绕、徘徊、纠缠。

屯如邅(zhān)如：徘徊不定，踯躅不前。

乘马班如：乘骑列队，往复盘旋，阵势张扬。

匪寇婚媾：并非匪患而是求婚迎亲礼俗仪式。

不字：待字闺中，不嫁。

即鹿无虞：即将被猎获的鹿脱离了危险。

君子几不如舍：有道之人权衡穷追不如舍弃。

往吝：前往追捕必有麻烦。

往吉：前往进取吉祥如意。

无不利：没有任何不利因素。

屯其膏：积累财富、囤积美味佳肴。

小贞吉：求小得小利则吉利吉祥。

大贞凶：图谋大势大利必致凶兆灾祸。

泣血涟如：哀伤过度犹如泣血一样。涟如，连续不断。

• 第四卦　蒙卦:(山水蒙) ䷃

卦辞：蒙，亨。匪我求童蒙，童蒙求我，初筮告，再三渎，渎则不告，利贞。

爻辞：

初六，发蒙，利用刑人，用说桎梏，以往吝。

九二，包蒙吉，纳妇吉，子克家。

六三，勿用取女，见金夫，不有躬，无攸利。

六四，困蒙，吝。

六五，童蒙，吉。

上九，击蒙，不利为寇，利御寇。

蒙象：山下有水，饮水思源，求知若渴，启蒙文明。

卦辞解析：

天地阴阳相交而生“屯”，世界有了新生命。生命初始，一无所知必“蒙”。蒙有蒙蔽、掩盖、遮掩、昏暗、迷茫等喻义。人类由低级向高级转变初期，仍处于蒙昧无知愚顽未化阶段，需要启蒙教化，需要血与火的洗礼，这一过程亦是文明的形成与标志。

初生之蒙本质上是通达的，求知启蒙的欲望和动力是童稚的天性。一开始以卜筮的形式和方法施教，但有蒙童因悟性差而产生怀疑，甚至嘲笑师长亵渎神灵，当再三地讲解仍不能令其改变态度时，这样冥顽不灵的蒙童就不必再教了。此种情形恰如老子所言："上士闻道勤而行之，中士闻道若存若亡，下士闻道大笑之，不笑不足以为道。"

知识神圣不可亵渎，师道尊严不可污！

参加劳动，学习知识文化，是人类化愚解惑逐渐走向文明的必由之路。知识除先天基因遗传部分——即天生禀赋程度，主要由后天学习、实践而来，学习令人品质不断提高，才干智慧不断增强，越来越脱离低级愚昧，可见学习求知与人生命运息息相关，学习改变命运，知识决定人生水平。阅古看今，左顾右盼，哪个成功者是没有知识而又不善于学习的呢？

教化育人，教化立国，启蒙解惑，坚定信念，思想教育，文化传播，事关民族兴衰大业。育人需尽早，启蒙时不我待。

爻辞解析：

"初六，发蒙，利用刑人，用说桎梏，以往吝。"举例说明脱蒙的重要性及脱蒙与脱刑的关系，利用违法犯罪之人被判刑收监，失去人身自由的案例，进行守德守法教育，令儿童从最初开始便意识到，若不能遵天守道，恪守人伦之德，以规范自己的行为，前途堪忧，人生道路会很不顺，将有无法免除的阻碍和麻烦。

“九二，包蒙吉，纳妇吉，子克家。”包容爱护蒙昧儿童是吉利吉祥之兆，小孩子不懂事，需要耐心启发诱导，热诚教导培养；儿子渐渐长大了，娶妻纳妾成家立业，亦是吉利吉祥的事情。蒙昧儿童终于慢慢长成大人，并成为一家之主，这是由天道人伦、自然法则所决定的，是必然要发生的事情。

“六三，勿用取女，见金夫，不有躬，无攸利。”见到有钱或有势的男人便不能自主了，魂不守舍，摇尾乞怜，投怀送抱，卑怯丑陋，这样势利的拜金女不能娶，若娶前景堪忧，没有前途和希望。

“六四，困蒙，吝。”受困于蒙自然有麻烦，为种种忧患所困。人类求生存求发展，需要文化、文明启蒙开智。受困于蒙昧中的人，生活艰难多阻，命运结局都不会太好，终身将被忧烦、悔恨纠缠。

“六五，童蒙，吉。”人之初，性本善，儿童之蒙，天真幼稚，纯真无邪，无忧无虑，自然吉祥。启蒙后复杂了，由此可见，启蒙的另一面是人之天性失真，这抑或是天道所致，是吉利吉祥的。

“上九，击蒙，不利为寇，利御寇。”抨击蒙昧，向蒙昧发起攻击，化解解除蒙昧的束缚，进而彻底驱逐蒙昧，战胜蒙昧，意义极其重大！从而防止一些人因愚昧无知、冥顽未化而成为盗贼或社会败类，这是防御贼寇祸患最有效的方法，亦是启蒙教化的首要责任。同时，需要注重施教的方法，亦是启蒙教化的首要责任。绝不可蔑视或敌视蒙昧者，而应本着与人为善、有教无类的理念，从防范、预防入手，设法慢慢感召、感化他们。

注释：

蒙：蒙昧、幼稚、愚钝、未化、无知。

亨：通达得利，畅行无阻。

匪：与“非”同音同义。

童蒙：幼稚儿童，天真无邪。

筮：占筮及所用工具。

渎：亵渎、玷污、污蔑。

贞：卜、正、坚贞、固守。

桎梏：古代木制刑枷。

子克家：儿子成家立业，当家做主，子嗣延续。

金夫：有钱有势之人。

不有躬：不能做主，身不由己。

• 第五卦　需卦:（水天需）䷄

卦辞：需，有孚，光亨，贞，吉。利涉大川。

爻辞：

初九，需于郊，利用恒。无咎。

九二，需于沙，小有言，终吉。

九三，需于泥，致寇至。

六四，需于血，出自穴。

九五，需于酒食，贞吉。

上六，入于穴，有不速之客三人来，敬之，终吉。

需象：天上云聚，降雨待时，禾苗枯萎，喜逢甘露。

卦辞解析：

需要、需求、必需，是达成某种事物的条件，否则便不能有所成就。需要是必然的，类似诚信的东西——“有孚”！天上云聚下雨是自然的，是规律性使然；万物生长需要阳光雨露，干旱枯萎的禾苗，适逢雨水滋润灌溉，自然光大亨通得利，是天道“贞正”畅行的表现，固然是吉利吉祥的。

需，事关重大。万事万物，生灭存亡，成破利害，一切皆取决于是否具备了所需条件。条件具备，其势不可挡，成就的道路会顺风顺水，否则，会逆向发展，向反面演化——需是达成事物的本质因素，没有这个根本，一切都无从谈起，就如没有天地就没有人类，没有父母就没有儿女一样。

《象传》曰：“云上于天，需；君子以饮食宴乐。”

饮食是人生命第一需要，民以食为天，吃饭是头等大事，在求得生存的基础上，创造良好的生态环境，构建安全和谐的生活秩序，营造公正平等的发展机会，亦不可或缺。

生命需要，生活需要，感情需要，物资需要，求知需要，事业需要，理想需要，安全需要，健康需要，精神需要……

人生需求多种多样，成功的人生需要各种基础，以易学的智慧诠释，由六种因素构成：天赋、时运、环境、习惯、学识、德行。这些成功的基础条件，除了天赋，其他皆可自我把握，至少可以通过主观努力改变：修身养性，审时度势，选择地利，改善环境，向善积德，勤奋好学，坚忍不拔，持中守恒！此外，还需不怕失败的决心和等待的耐心。

需主旨是指人生幼弱成长时期，会遇到各种各样的困难险阻，如何处理好这些复杂的境遇，努力创造出一个适合自己生存发展的条件和环境，让自己不断成长壮大起来，不仅需要智慧德行，隐忍谦恭，审慎平和，不屈不挠，更需要惨淡中不堕志，花红里莫忘情，经得住任何考验，始终不渝地坚守正道。如此，方能得天助人和。

爻辞解析：

“初九，需于郊，利用恒。无咎。”为了寻求所需要的事物，或达成自己的理想愿望，虽置身郊外——处于底层、边缘的不利地位，但若持之以恒，坚持不懈地努力奋斗，便会有希望有前途，没有什么过失和可忧虑的。

“九二，需于沙，小有言，终吉。”初始，所需所求心想事成，顺风顺水，好似在水畔一片沙滩上漫步，景色甚佳，心境自然舒畅，不免显出一副悠然自得无忧无虑的样子，因而被人讥笑浪荡，不知愁，但这种乐观的心境很好，继续保持下去，是吉利吉祥的。

“九三，需于泥，致寇至。”斗转星移，潮起潮落，时运转换到了需求步履维艰的境遇，艰难困苦仿佛陷入了泥泞之中。然而，祸不单行，衰败颓丧的形势竟导致盗贼乘虚而入，可谓雪上加霜！

“六四，需于血，出自穴。”所需之时出现了更为严峻的局面，需要流血牺牲，抑或家庭惨遭横祸，不幸酿成血光之灾，乃至家破人亡，真是大难临头了！

“九五，需于酒食，贞吉。”天地交变，阴阳转换，周而复始，人生命运亦如是。起伏跌宕，绝处逢生，大灾大难过后现转机，鸿运当头，心想事成，人生得意须尽欢，美酒佳肴伴红颜，酒宴享乐之时当不忘过往，荣华富贵之时不能失德，坚守正道，感恩敬畏才能吉祥如意。

“上六，入于穴，有不速之客三人来，敬之，终吉。”家里突然来了三个不请自到的陌生客人，其身份、缘由和目的都不得知晓。如何对待处理这种情况？此乃与人交往之需。怎样与人打交道？怎样处理人际关系？需要懂礼仪、识尊卑、守秩序，低调做人，敬慎以待，最终一定会是吉祥的。

注释：

需：需要、必需、条件、基础、待时、不可或缺。

有孚：诚信、践诺、履约、规律。

光亨：正大光明，通达得利。

利涉大川：有利于克服大艰难大险阻，迎来新机遇新希望。

需于郊：需时之初处境卑微、低劣。

利用恒：唯有利用恒心恒志方可改变状况。

需于沙：仿佛在沙滩上漫步，轻松愉悦。

小有言：窃窃私语，非议责难。

终吉：结果、结局会吉利吉祥。

需于泥：处于泥泞困厄之中。

致寇至：困顿危难的处境导致贼寇趁火打劫。

需于血：经历重大变故乃至血光之灾。

出自穴：惨祸出于自己家中。穴，洞穴、巢穴、窑洞，古代人居住之处，如同现代人的家。

需于酒食：频繁出入酒食宴乐场所，春风得意之时。

贞吉：坚贞守正则吉。

入于穴：进入家门。

有不速之客三人来：有三个不请自来的陌生人。

敬之：恭敬谨慎地接待。

• 第六卦　讼卦：（天水讼）䷅

卦辞：讼，有孚窒惕，中吉终凶。利见大人，不利涉大川。

爻辞：

初六，不永所事，小有言，终吉。

九二，不克讼，归而逋，其邑人三百户，无眚。

六三，食旧德，贞厉，终吉。或从王事，无成。

九四，不克讼，复即命渝，安贞，吉。

九五，讼，元吉。

上九，或锡之鞶带，终朝三褫之。

讼象：天气上升，水流下降，阴阳相悖，必有争讼。

卦辞解析：

“讼”乃言之于公之意。争讼始初，当事者双方为讨公平，寻求解决方式而求助有势力有权威的第三方做公正评判，以便达成双方都满意的结果——这种行为和活动是规律性的，是人类社会生活必然会发生的事情，类似诚信的东西会如期而至。物竞天择，因需而争，因争而讼，万物为求生存相争是自然发展规律；人类为求生存求发展争夺生活资源，争夺生存空间，互相博弈，亦是自然天道。但更有为贪婪、野心、兽欲而相争的行径，这是令人恐惧和需要极其警惕的事情。

相争、纷争的初级阶段，为讨公平公正解决纠纷，便会对簿公堂打官司，诉讼过程中会产生获胜的希望和喜悦，因此说“中吉”。但最终一方失败，或两败俱伤，所以说“终凶”。打官司必然上公堂，上法庭，面对执法者，无论这法官是清官还是贪官，是明官还是昏官，对于讼者而言他都是“大人”，所以说“利见大人”。

争讼打官司多为利害得失，或论是非曲直，但对解决事关重大命运问题是毫无益处的，因此有“不利涉大川”之断言。

生活中有人因一桩官司蒙冤受屈，懊恼悔恨不已，长久深陷其中难以自拔，以致毁了整个美好人生。特别是在司法腐败时期，贪腐官员吃完被告吃原告，玩弄法律于股掌之间，尤其在资本泛滥区域，钱主可雇佣律师团，法律为金钱所左右，平民百姓非到万不得已，不要打官司，吃亏消灾，退一步海阔天空。

因需而讼，因争利而讼，因不平而讼，为求正义公道而讼……讼是一桩很悲情的事，尤其是涉及亲讼、友讼、情讼，可能会损上加损，痛上加痛，令人悲不能抑！

自古有“君子、智者不讼”之说，认为君子不与小人争利，吃亏是福；智者当深谋远虑，谋始而善终，在处事之初就周详谋划好一切，中间出乎意料发生变故，亦会明智善断，当进则进，当退则退，当事情弄到要打官司时，已是不幸，情愿自吞苦果。

爻辞解析：

“初六，不永所事，小有言，终吉。”讼事不是长久之计，亦不会没完没了地拖下去，有些小争执小矛盾，会很快化解，日常生活中发生些吵吵闹闹的事实属平常，很快会恢复常态，结果还是吉祥的。

“九二，不克讼，归而逋，其邑人三百户，无眚。”官司打输了，为逃避罪责刑罚，潜回自己乡邑的家中隐藏，其人为三百户封地之主，自然会得到乡邻民众的庇护，因而没有灾难发生。

“六三，食旧德，贞厉，终吉。或从王事，无成。”居功自傲，有恃无恐，仰仗以前的功绩或祖上传下来的荣誉，为非作歹，此乃为“食旧德”之意，这种行为是很危险的。虽然最终还是被赦免了刑罚，实属万幸，可若想再获得朝廷的信任和重用，是绝不可能的。

“九四，不克讼，复即命渝，安贞，吉。”官司打输了，即刻回复上情，报告情况有变故，以便尽快采取应对措施。实则，此时当自制顺变，接受事实方为上策，不可再节外生枝。官司打得人心惶惶，现在终于结束了，生活重新恢复了安宁，经验教训令人懂得，只有坚守正道，安守本分才能吉祥如意。

“九五，讼，元吉。”讼本质上至大原始，吉利吉祥，是事物发展规律所决定的，是争讼双方欲获得公平公正的一个理想渠道，是维护良好社会秩序的必然产物和不可缺失的“公器”，只是时常为邪恶所利用，特别是在金钱主宰、司法腐败的状态下，讼成了相争者一争输赢的手段。

“上九，或锡之鞶带，终朝三褫之。”官司打赢了，君王因胜讼而给予讼者以嘉奖，不仅加官晋爵，还特别赐予象征勋劳和荣耀的革制腰带。对此，朝臣持有异见，一日之间竟有三道奏请将其罢黜的上书，君王亦深感争讼并非什么光彩之事，无关善行美德，不宜过分褒奖倡导，思忖再三欲予以剥夺！

注释：

讼：诉讼、争讼、公诉、审判。

窒惕：屏息、窒息、恐惧、高度警觉、极度警惕。

中吉：中间过程有吉兆，有希望。

利见大人：有利于遇见或结识有权势、有名望的人物。

不利涉大川：不利于克服重大艰难险阻和解决事关大局的疑难问题。

无眚（shěng）：没有发生灾难祸患。

食旧德：俗语吃老本，即依仗过去的功德作威作福。

渝：变动、改变、转变。

锡：同赐，即赐予、赐给、恩赐、赏赐等。

鞶（pān）带：革制腰带，古代士大夫、官员佩戴的象征身份之珍贵饰物。

褫（chǐ）之：抢夺、夺取、罢黜。

• 第七卦　师卦：（地水师）䷆

卦辞：师，贞，丈人吉，无咎。

爻辞：

初六，师出以律，否臧凶。

九二，在师中，吉，无咎。王三锡命。

六三，师或舆尸，凶。

六四，师左次，无咎。

六五，田有禽，利执言，无咎。长子帅师，弟子舆尸，贞凶。

上六，大君有命，开国承家，小人勿用。

师象：地下有水，暗流涌动，师者兵众，隐藏险情。

卦辞解析：

师，兵众之称谓，军事之化身。因需而讼，因讼而师，为争夺利益，为保护自身权益乃至身家性命而兴师动众。因谈判破裂，或裁决有失公道，在争讼中没有达到自己预期目的，使双方关系进一步恶化，进而积怨生恨，最终寻求武力、暴力解决实属必然。聚众武装，兴兵打仗，师应运而生！

《孙子兵法》云："兵者，国之大事，死生之地，存亡之道，不可不察也。"

正义之师是维护正义讨伐邪恶，保护民众和国家利益、安全的锐利武器，是国之重器，民之祥瑞，因有德高望重主持公道的大人而吉祥，没有什么过失和害处。

但是，正如卦象所预示的那样：坤为地，坎为水，水在地下，暗流涌动，隐藏险情，兵众之师若被国奸民贼窃取利用，就会产生兵祸，他们为攫取私利，或实现自我的野心妄念，不惜以战争为手段，致使战乱丛生，兵灾连绵，民众流离失所，家破人亡，战士尸横遍野，血流成河，人类历史就是由鲜血写就，枯骨堆积而成！

常言道：兵熊一个，将熊一窝。可见用兵选将之关键，因选将非人而惨遭失败的事例，古今屡见不鲜，最著名者如赵括、马谡等。

用兵贵在用心，兵心即民心。正义之师斗志昂扬，群情激奋，众志成城，违背天道的邪恶之师，必然人心涣散，缺乏斗志，不堪一击，在强敌之下兵败如山倒。兵心系民心，民心不服，兵不用命，甚至倒戈。历史教训，触目惊心。

兵不在多而在精，独狼战群犬，强师以一当十。

爻辞解析：

“初六，师出以律，否臧凶。”出师征伐，用兵打仗，纪律最为重要，可谓军律定成败，失律必凶。军令如山，不可动摇，不可撼动！“否臧”则不能彰显纪律的权威，必是凶多吉少。一胜一败天翻地覆，大则关乎国家兴衰，小则关乎千万生命存亡，尸横遍野、血流成河的战争场面司空见惯！

“九二，在师中，吉，无咎。王三锡命。”身为将帅，时刻保持警惕性，常年驻守军中，随时待命率军出征，履行国家使命，保家卫国，固土安疆，是吉利吉祥的，是不会有任何过失和麻烦的，反而能得到君王格外的体恤与关注，会一而再再而三地有赏赐和诏令送达军中营帐。

“六三，师或舆尸，凶。”胜败乃兵家常事，流血牺牲是不可避免的。战争很可能使军人们变成尸体，以车运送尸体回来，说明打了败仗。从而证明师是生死存亡之大计，是十分危险的行为和事物。

“六四，师左次，无咎。”古代作战布阵的规则，右军为主，左军为次，中军统领。进攻时右军在前，中军在中，左军在后，退却时则以次而退，左前右后中军不变，按照军事规律行事，便不会有过失和麻烦。

“六五，田有禽，利执言，无咎。长子帅师，弟子舆尸，贞凶。”兴围打猎可以用来演习军事实战，检验将帅统驭指挥能力，没有什么不利之处。真正开战了，任命长子为帅，主持全面战事，而任命弟子负责运送尸体。显然用的都是自家人，任人唯亲，而非任贤。战争事关生死存亡，千军易得，一将难求，没有贤才良将，舆尸而回是必然的，固守不易会有灾祸发生。

“上六，大君有命，开国承家，小人勿用。”战争结束了，需要犒赏三军，论功行赏。君王颁布命令，启动开国承家之大业，君子贤才委以重任，拜将封侯，辅助朝政，安邦治国，无才无德之小人不可重用。

注释：

师：军队、军士、军旅、军阶。

丈人吉：因有这种德高望重的长者而吉利吉祥。

否：隐藏、掩盖、不显、不明。

臧（zāng）：车、车厢、运载之器。

锡：同赐。

执言：执行命令，执行军法、军纪。

大君：帝王、国君、霸主。

• 第八卦　比卦:(水地比) ䷇

卦辞：比，吉，原筮。元永贞，无咎。不宁方来，后夫凶。

爻辞：

初六，有孚比之，无咎。有孚盈缶，终来有它，吉。

六二，比之自内，贞吉。

六三，比之匪人。

六四，外比之，贞吉。

九五，显比，王用三驱，失前禽。邑人不诫，吉。

上六，比之无首，凶。

比象：水需地承载，地需水滋润，攀比依附，相辅相成。

卦辞解析：

比，因师而成。比字像前后两个人排队，象征军队的组织序列。部队操练行军布阵，首先需要站队随从跟进，听从命令指挥，长官士兵，上级下级，将军校尉，职衔等级森严，阶级由此始分。军队从属于不同族群、帮派、势力，亦是不同政治体制的起始。

万事万物皆有比。自然现象因有差异、类别而比，因有高低良莠而比；人类则因有善恶智愚而比，因有富贵贫贱而比，因有阶层、界分而比。比形成了自然界及人类社会的秩序编程。

看字形“两人为从，反从为比”，但其意义则是不从，是比较鉴别，是对比区分。比有亲附之意，但并非亲密。因比而别，因别而异。人与人之比是人类社会发展的必然现象，最初产生于因争讼而兴师动众的军阶之比，进而产生财富分配之比，祖先以卜筮得天道神示，比是吉事，其本质永久正固，没有什么过失和可忧虑的。

物以类聚，人以群分。天使恶魔同在人间，大行其道，结帮分派，你争我夺，互相对垒，种种局面令人们必须做出亲比抉择，投奔依附志同道合的阵营和领袖，共谋大业。“不宁方来”的意思是犹豫不决，错失良机，受到威胁或出了乱子，不得已才来；“后夫凶”则是说晚来的人，后果堪忧，有被邪恶势力吞并消灭的危险。

不同时代，不同阶层，不同理念的人，比之不同，乃至大相径庭。有精神、物质、事业、理想、才华、技艺、享乐、淡泊之比，比的内容丰富而广泛，几乎无人无事无处不比。

然而，对有志之士而言，最重要的是选择与什么人亲比交际，与什么人为伍交友，与什么人攀附比肩，通俗地说就是如何运用好“同比”的关系，借势借力，求得同道贤达贵人的支持帮助，不断向梦想的高处攀登，为实现自己的理想抱负而不懈努力！

爻辞解析：

“初六，有孚比之，无咎。有孚盈缶，终来有它，吉。”遵守规则，履行约定，以真诚之心前来交谊、交际，及至发展为长久的互相交往，是没有什么过失的；一个怀有诚信之德的人，像盛满了水的陶器，终将会有人来饮用来亲附，这是十分吉利吉祥的事。

“六二，比之自内，贞吉。”比乃由内在因素而起，由自己的内心所生，因心中的种种欲念产生了诸多纷繁杂乱的对比、比较，从而导致内心失衡，情绪低落。比之时，只有真诚地坚守正道，崇德向善，积极向上，确立正确的人生追求，并且懂得自己同自己比，才不会失去自我，才能获得吉庆吉运。

“六三，比之匪人。”比最紧要的是选择对象，是要与什么人比的问题，若与之相比的人并非正人君子，而系卑劣小人之列，或是奸佞邪恶之徒，就是选错了比的对象，即“比之匪人”，所比非人，这是重大原则问题，正人君子不可失察！

“六四，外比之，贞吉。”比之于外，不断扩大自己的接触范围，尽力去与外界、外部、外人比，让自己的视野更开阔，努力拓展自己的际遇，积极探索自己不曾涉足的领域，寻求更高层次的比，乃是比的正确途径和最佳抉择。

在与外比时，秉承正义正道，恪守人格本分，是吉兆，会获得祥瑞。

“九五，显比，王用三驱，失前禽。邑人不诫，吉。”比之显著，比需要公开透明，如君王狩猎，用三驱之法，将前面的禽类及小动物赶走，留下后面的大猎物！这种筛选发掘人才的方式，使乡邑之士措手不及，事前没有准备，没有对策，从而使这位思贤若渴的明君能够辨明真伪，终于获得了贤臣良将，自然吉祥如意。

“上六，比之无首，凶。”比不能无序，比需要有首领有君上，否则易生祸患。

“比之无首”，乃是没有为首的比肩对象，没有崇拜敬仰的标杆，没有心中的佳偶做比，也就是盲目地比，自然是坏事。

小人心胸狭窄，对谁都不服气，只佩服自己，只推崇自己，自然是“比之无首”，凶是无法避免的。君子与英雄、圣贤比，与德高才厚志向远大者比，自知才疏学浅平庸凡俗，心甘情愿当小学生，自然前途无量。

注释:

比：比较、比例、比喻、比拟、对比、攀比、类比。

原筮：古人最早用龟甲、蓍草占问吉凶，是为最原始的卜筮。

元永贞：始终永久坚守原则和正道。

不宁：不稳定、不安全。

方来：由一方而来或被迫而来。

后夫凶：晚来或后来的人有灾祸。

缶：陶瓷瓦罐之类盛水的容器。

匪：即“非”。

三驱：古代君王的狩猎方式，自后及左右三方推进驱赶。

邑人：乡绅百姓。

不诫：没有戒备和预防。

无首：没有首领、首脑、领袖人物。

• 第九卦　小畜卦：（风天小畜）䷈

卦辞：小畜，亨。密云不雨，自我西郊。

爻辞：

初九，复自道，何其咎？吉。

九二，牵复，吉。

九三，舆说辐，夫妻反目。

六四，有孚，血去惕出，无咎。

九五，有孚挛如，富以其邻。

上九，既雨既处，尚德载。妇贞厉，月几望，君子征凶。

小畜象：风云集会，变化莫测，随机而来，随机而去。

卦辞解析：

物质丰富了，生活好起来，脱离贫困，并小有积蓄，自然通达有利。

“小畜”即小有积蓄，小有储备，小有结余。譬如，虽有余钱余粮却不够多，会很容易花光用尽，有明显的动散之象！就如我所居住城郊上空的这片密云，一直下不了雨，说明云聚的程度还不够，降雨的条件尚不成熟，阴气虽固，阳气不交，仍然不会下雨，需要继续聚集能量，备足条件。

这片经久不雨的密云，有被一阵劲风刮走的危险，风吹云散，或随风而去，不知飘向何方？这种状况亦喻义才德不足的君子，尚不能有所作为造福社会。

风只有在春季吹遍大地，万物才能获得荡涤而萌发，而卦象显示此时的风却在天上，距离地面太远，难以达到目的和志向，仿佛一个人经过多年努力，已经积累了一定能量，或德行，或才华，或人脉，或经验，或资本等等，为求大发展创造了有利条件，但尚未达到异变的程度，还不能像一场倾盆大雨那样从天而泻，仍需继续积蓄才干德能，并相机而为，抓住机遇，才能取得更大的成就，最终大志得偿！

“小畜”本意是指事物已经有了相当基础，但尚未达到盛强阶段，象征人类社会发展到了一定时期，为步入文明社会创造了必要的物质条件，进而将进入“履”的境界，这是人类历史发展的一个崭新历程。

爻辞解析：

“初九，复自道，何其咎？吉。”反复重复同样一种行为、举动，反复重复自己熟悉的工作，每天践行自我生存之道，如日出而作，日落而息，日复一日，年复一年，周而复始，持久守恒，是符合自然天道的；或者是走错了路，再原路返回，做错了事改过自新，因为有了经验教训，是不会再有过失麻烦的，自然吉利吉祥。

“九二，牵复，吉。”牵为引导、引领、引进之意，带有一种制约、推动、携同共进的作用。牵引、领导、归复，恢复原有精神风貌，恢复优良传统作风，回归正道，矢志不移，忠贞不渝，这种作为大吉大利！

“九三，舆说辐，夫妻反目。”“说”通“脱”，夫妻反目犹如车轴脱落一般，难以前行，家庭处于矛盾的漩涡，夫妻和合方能兴旺发达。夫妻不和，反目成仇，好似天翻地覆，其悲惨结局可想而知。

“六四，有孚，血去惕出，无咎。”因重视履行约定、义务，践行诚信，为了共同的家庭生活幸福，勇于牺牲奉献，敢于流血流汗，因此互相防备的心态尽皆消失，夫妻和睦，携手共进，没有任何忧愁烦恼的事儿，更不会有什么灾祸的事情发生。

“九五，有孚挛如，富以其邻。”夫妻和好如初，同心同德，家境自然康泰，以邻居为榜样，学习人家发家致富的经验，齐心协力，同甘共苦，全力以赴奔小康，终获美好际遇。

正所谓“积善之家必有余庆”。

“上九，既雨既处，尚德载。妇贞厉，月几望，君子征凶。”雨终于下来了，但只是阵雨，很快就停了，说明积蓄的能量还不充足，德薄难承盛状，德行显然不够，或敬天不够虔诚，需要继续修行，这正是“小畜”之情状。物质生活好起来，夫妻感情生活自然提上了日程，妇人过分贞洁守身，夫妻难得欢愉，有危害；月盈时日，阴盛阳衰，有道君子当守身修炼，不易施爱，过分贪欲乃凶兆。

注释：

小畜：少量积蓄，少量储备，少量结余，最初的剩余物资及价值。

密云不雨：浓云聚集，却没有下雨的状况。

自我西郊：我所处的城西郊方向，时空方位的确定。

自道：自我修行之道，自己所践行的人生道路或曾经走过的路。

惕出：消除警惕或戒备之心。

尚德载：无德难承其福，许多美好的东西都需要以美德承载承受。

月几望：月亮几近圆满之期。

• 第十卦　履卦:（天泽履） ䷉

卦辞：（履,）履虎尾，不咥人，亨。

爻辞：

初九，素履，往，无咎。

九二，履道坦坦，幽人贞吉。

六三，眇能视，跛能履，履虎尾，咥人。凶，武人为于大君。

九四，履虎尾，愬愬，终吉。

九五，夬履，贞厉。

上九，视履考祥，其旋。元吉。

履象：天上泽下，上下有别，尊卑有序，履行道义。

卦辞解析：

履乃行走、践诺，遵守道义等意，履礼、履德、履约……因为履行道义准则，遵守规则法律，即使踩到老虎尾巴也不会被老虎咬，极其形象生动地说明，在道德法律准绳内办事，求生存求发展，没有任何危险。这种比喻令人印象深刻难忘。

履是人类通向文明的起点。社会发展到了一定阶段，文明程度逐渐提高，有了上下尊卑的概念，有了与之相适应的礼法、礼仪、道德规范，并形成了一定的社会秩序，遵守这种秩序，应小心谨慎，诚惶诚恐，好像怕踩到老虎尾巴那样。

履行职责，履行义务，履行约定，履行合同，履行誓言，履行法规，履行秩序，履行道义……

履是人类社会不可或缺的基础条件。

一个人在社会活动中，只有遵天道守人伦合法度，所作所为符合社会道德法律规范，便不会有麻烦、危险、灾难。正所谓，不做亏心事，不怕鬼叫门。遵纪守法，不越雷池半步，一切行为皆严格履行社会公德公道，这样的吉人自有天相，连老虎都不会伤害他。

强弱福祸安危仅一线之隔，稍失偏颇就会反向转化，所以要居安思危，以强示弱，享福避祸，方能持久保全。

感恩敬畏，履礼守义，行善修德，乃君子之大道，人生大智慧！

阅史鉴今，那些不可一世肆意践踏社会正义公道，置法律法理于不顾，为一己之私欲倒行逆施，凌驾于天道人伦、民心之上的人，哪一个有好下场？

无履则无秩序，无秩序必乱，乱则祸患苦难丛生，人类社会因乱而生灵涂炭，历史惨剧曾屡屡上演。

当今世界，逐渐向多元化发展，无论是大国小国还是强国弱国，在处理互相关系及国际事务中，都应严格遵守国际公约，自觉履行国际义务，维护国际秩序。

爻辞解析：

“初九，素履，往，无咎。”以纯真质朴、自然平常，没有任何伪装、修饰的态度，践行履事，遵守道德礼仪规范；执行法律法规准则；实施道义、职责；维护公正、秩序，不折不扣，认真严谨，其所作所为是没有过失、麻烦和忧患的。

“九二，履道坦坦，幽人贞吉。”履之事如一条宽阔平坦的大路，无拦无阻，社会因为有它而井然有序，人生因为有它而通畅顺遂。

一个有理想有抱负的人，要走一条不平凡而又顺利的人生道路，必须潜心修行做“幽人”，矢志不移，勤学苦练，求得真功夫，并始终不渝坚守正道，一切皆不失履之约束，因此会有吉兆吉运终身相随。

“六三，眇能视，跛能履，履虎尾，咥人。凶，武人为于大君。”视而不正，斜睨暗晦乃眇也，跌跌撞撞履而不平乃跛也，形容不仁不义、无德无才、行为不端、心术不正之人，违背履义犹如踩到老虎尾巴一样，必被咬伤或吃掉，亦恰似一介武夫缺少文韬武略，却占据君王之位当政治国，必致虎患，是为不祥之兆。

“九四，履虎尾，愬愬，终吉。”遵守践行履义，如行走在老虎的尾巴后面一般，知惧而敬畏！君子事履心存诚敬，小心翼翼，遵天守道，倡行大义，即使有危险，终将平安吉祥。

“九五，夬履，贞厉。”夬与决义同音不同。决断、决策、决定、决心；毫不犹豫地履礼履义，坚定不移地践行履德履道，但不能太过拘泥，太过刻意，太过教条，以致死板僵化，令人难以适从。任何事皆不可过，过则反，过则险，即使正确美好的东西亦如是，此乃天理天道使然。

“上九，视履考祥，其旋。元吉。”施行履义履道，需反复考究其详，深入观察、了解其至大原始的本质及非凡重大的意义。反复为旋，坚持不懈，反复其道，坚定不移，贯彻到底，这样才能功德圆满，自然是大吉大利大喜大庆之事。

注释：

履：履行、履历、履约、履礼、履职、遵守、遵循。

履虎尾：踩到老虎尾巴。

不咥(dié)人：不咬人。

素履：自然质朴无雕琢修饰之履。

miǎo
眇：晦明、弱视、眼疾。

跛：足疾，瘸腿。

shuò
愬愬：敬畏、恐惧。

guài
夬履：坚定不移遵循践行履德履礼履义履道。夬，即“决”。

视履考祥：对履的本质意义需要了解清楚，考察研究深刻理解。

其旋：旋转、反复、终始。

• 第十一卦　泰卦：（地天泰）䷊

卦辞：泰，小往大来。吉，亨。

爻辞：

初九，拔茅茹，以其汇。征吉。

九二，包荒，用冯河。不遐遗，朋亡。得尚于中行。

九三，无平不陂，无往不复。艰贞无咎，勿恤其孚。于食有福。

六四，翩翩不富，以其邻。不戒以孚。

六五，帝乙归妹，以祉元吉。

上六，城复于隍。勿用师，自邑告命，贞吝。

泰象：地气下沉，天气上升，阴阳和合，上下通达。

卦辞解析：

泰乃事物由阴转阳，由弱变强，低往高升，成长壮大之过程，亦为人类社会经由否时种种演变转化，终致天地和顺、天感人应、诸事通泰的局面。其时，上下通达无阻，君臣同心合力，官清民悦，经济发展，物资丰富，民富国强，普天同庆！

天高地厚，天刚地柔，天尊地卑，坤地以小从大，主动顺应来附乾天，使之阴阳交合，天地通畅，万物生发，欣欣向荣，是以小向大发展的过程，所以吉祥承运，通达得利。泰之时，象征生命力达到了鼎盛期，社会发展到了一个美好的境界，人生命运迎来了理想的际遇，正可谓政通人和，国泰民安，诸事顺遂，志得意满。但某些不利因素也随之滋生：自信满满，妄自尊大，安逸享乐，骄奢淫逸，腐败堕落之风渐盛，甚至肆无忌惮，几近疯狂，因而败象渐露。

看古看今，看远看近，看内看外，看己看人，上下殊途，莫不如是！

自然天道，阴阳交变，泰否循环，当事物循着泰的轨迹渐变渐进，越来越盛强乃至极盛时，便会产生变异，正是阴极生阳，阳极生阴，悲极生乐，乐极生悲，厚福以报必生患，成功之后的严峻考验接踵而至。

孟子云：“舜发于畎亩之中，傅说举于版筑之间，胶鬲举于鱼盐之中，管夷吾举于士，孙叔敖举于海，百里奚举于市。故天将降大任于是人也，必先苦其心志，劳其筋骨，饿其体肤，空乏其身，行拂乱其所为，所以动心忍性，曾益其所不能。人恒过，然后能改，困于心衡于虑而后作，征于色发于声而后喻。入则无法家拂士，出则无敌国外患者，国恒亡，然后知生于忧患死于安乐也。”

圣人之言振聋发聩，君子智者当辩证以对，莫忘初衷，恪守本分，“夕惕若厉”，每日三省。

在十二消息卦中，泰卦之后是“大壮”卦，其意是告诫警示人们，不要被顺利和成就冲昏了头脑，要继续努力奋斗，要继续艰苦隐忍，使自己再壮大些，在前进的道路上走得再远些，在理想的天空中飞得更高些，使天地人和悦亨通的局面恒久，从而收获常人难以企及的非凡业绩。

爻辞解析：

“初九，拔茅茹，以其汇。征吉。”将一种人可以吃的植物根茎拔出来，汇集在一起广泛种植，经过精心培育和艰苦的劳作，使之形成规模，这种辛勤耕耘及努力奋斗的精神，是吉利吉祥的，会带来新的收获和喜悦。

“九二，包荒，用冯河。不遐遗，朋亡。得尚于中行。”包揽一片荒地，用冯河之水灌溉，连周边偏远的地方也不放弃和遗落；“朋亡”——因此而损失了不少金钱和投入，或者是朋友因太过劳累而病死了。以其失败为经验教训，选择、秉持中行之道，量力而行，坚持恒久而终获成功。

“九三，无平不陂，无往不复。艰贞无咎，勿恤其孚。于食有福。”平陂往复，事物的相互矛盾与依存——易学的基本思想及原理。劳动是艰难辛苦的，但无忧无患，因为劳动是劳动者的天职和本分，不需要怜惜与体恤；享受食物是人的福气，因为劳动必然会产生果实，人类正是通过这种活动而生存发展的。

“六四，翩翩不富，以其邻。不戒以孚。”游手好闲，不踏踏实实地劳动，自然不会富裕。如果和这样的人做邻居，若不能以其行为和教训为鉴戒，必然会重蹈覆辙，这是规律性的，是自然天道所决定的。

“六五，帝乙归妹，以祉元吉。”史载殷商王帝乙之父将周文王姬昌之父杀害，帝乙为缓和与西周的紧张关系，将自己年少的女儿嫁给年已花甲的周文王。因当时其女尚未至成婚年龄，约定待成年后，如期履行嫁娶——以信守承诺，践行礼法、礼仪，至诚无欺之和亲大义，谋得天下安宁太平，这是为社稷谋福祉，是最大最根本的吉祥之举。

“上六，城复于隍。勿用师，自邑告命，贞吝。”天地通泰，美好祥和，富裕平安的局面经久而衰，如年久失修的城墙倒塌在壕沟里，这样的国家还用派兵攻打吗？乡邑各自为政，诸侯不尊王命，这种局面若再固守下去，麻烦和悔恨会越来越多！

因劳而逸，因贫而富，因和平而生乱，因长久休养生息而生懒惰之气。生生不息乃为天道，腐朽没落必致新生力量的崛起，生命力旺盛的新人必代替奄奄一息的老人，“泰生否”，革新、革命之势不可阻挡！

注释：

泰：通泰、安泰、康泰、福泰、国泰民安、上下通泰，和睦、畅达、繁荣等义。

小往大来：由小向大、由弱向强的方向发展。

拔茅茹：将可以食用种植的植物根茎拔起。

朋亡：金钱损失或朋友死去。

陂（pō）：山坡、坡地、斜坡，与平地相对。

帝乙：商朝帝王，商纣王之父。

归妹：古代之婚嫁风俗——已随嫁或许嫁之少女待长成后回

归夫家。

隍：壕沟、城池，统称护城河。

邑：乡镇、城市。

• 第十二卦　否卦:（天地否） ䷋

卦辞:（否,）否之匪人，不利君子贞，大往小来。

爻辞:

初六，拔茅茹，以其汇，贞吉，亨。

六二，包承，小人吉，大人否。亨。

六三，包羞。

九四，有命无咎，畴离祉。

九五，休否，大人吉。其亡其亡，系于苞桑。

上九，倾否，先否后喜。

否象：阴阳失和，天地不交，各行其道，闭塞不通。

卦辞解析:

天地否是不按人的意志为转移的，乃自然运行、时机演变之道，以及事物发展进化规则。阴阳交变，泰否循环，否之时，阳刚之气失时失势消退，阴柔之气得时得势渐长，并逐渐占据统治地位，即“大往小来”之意。

此时，对于固守正道的君子是十分不利的。

阴阳消长，阳盛则阴衰，阳衰则阴盛，这是自然运行天时反复的规律，有如昼夜转换更替，季节变化轮回，反映于人类社会便是泰时逆势反转，否时乘势而至，小人得势上位，君子失势隐退，君臣面和心不和，奸佞弄权，败坏朝纲，大恶结党营私，招降纳叛，包藏野心，祸乱天下，暴虐施政，视民若仇，乃至上行下效，基层社会邪恶势力横行，权钱交易，色诱利令，官商勾结，狼狈为奸，处心积虑，横征暴敛，甚至无法无天，明火执仗，设陷劫掠，杀人越货，天下混乱不堪。

然而，天下大治的通泰因素也在无声无息地滋生成长，直至否极而泰来。

否时至于具体某个人，则是命运多蹇，困境重重，犹如草木经历严冬，破屋更遭连阴雨，需要顽强自保，潜伏隐藏，修身养德，候时待变，留得寸草心，明年再复发。

有道是：“沉舟侧畔千帆过，病树前头万木春。”

万事万物，阴中有阳，阳中有阴，阴阳两面乃事物的本质所在，从自然界到人类社会及至人生命运，莫不如是。否因泰来，泰因否至，从这个基点上讲，否之利难以论功德，泰之失无以评成败，一切都是既对立又统一，既矛盾又和谐。因此，一切皆顺应自然，当为至高境界！

有道君子当具平常心，气定神闲，应时顺势而为，“穷则独善其身，达则兼善天下”，当显则显，当隐则隐，隐显皆不失其道！

爻辞解析：

“初六，拔茅茹，以其汇，贞吉，亨。”将各种可以吃的植物根茎、种子汇集起来，大规模种植，因所处否时，天地不睦，风雨不调，发生灾情而失败。为坚持发展农业生产的正确道路，无论遇到多大的困难，也不能改变心志，这种遵天守正、坚持不懈的精神是吉利吉祥的，必定会带来畅行无阻、通达得利的好运气！

“六二，包承，小人吉，大人否。亨。”承担田地种植之农事，是小人及奴隶们的吉事，会给他们带来希望和收获，而对大人们说来，则是完全相反的不利之事——这是在说责任和分工应有所不同，并且这种规律是天经地义亨通得利的。

“六三，包羞。”因为不逢天时，及至天灾人祸，导致农事失败，专事负责种植的人，为自己没能实现承诺，尽到职责和义务而深感懊恼、羞愧和自责。

“九四，有命无咎，畴离祉。”奉行天道，秉承天意，必有天命。天命即天道，按自然规律做事必得天助，自然没有什么过失和忧患；将同类植物汇集种植，是充满光明和希望的，天生万物，必降福祉，阴阳交变，时来运转，一定会有可喜的收获。

“九五，休否，大人吉。其亡其亡，系于苞桑。”时限已到，否时否势终于停止了，小人之道走到了尽头，大人的吉运随之而来，君子上位掌权主政，将否时小人所作所为的一切恶行劣迹予以否定。改革创新关系到社稷安危及民生大计，需倾心倾力，脚踏实地，谋划周全，贯彻始终，更当敢想敢为，一往无前。

“上九，倾否，先否后喜。”天时已至，否时否势完全颠倒倾覆了，阴气盛极而致一阳复生，过程虽然艰难，充满重重险阻，但结果是好的，犹如先苦的瓜果必后甜，寒冷的冬天过后春光更明媚。天道反复，新一轮吉运随时而来，喜庆祥瑞再度降临人间。

注释：

否：相对于泰，相对于阳，相对于正，相对于大，相对于强，相对于盛。

否之匪人：匪同“非”，否并非人的因素而是由自然天道决定的。

不利君子贞：否时不利于正人君子坚守正道。

大往小来：否时否势是由大往小变化发展。

贞吉：坚持不懈辛勤耕耘吉利吉祥。

包承：包揽承担。

小人吉：耕种对农人和奴隶是吉利吉祥的事。

大人否：对有身份地位的贵族相当于灾难。

包羞：承担农耕之责的人因失败而羞愧。

有命无咎：自然规律乃天命，遵循天道行事没有过失忧患。

畴离祉：将同类谷物汇集种植是充满光明和希望的事，是天降福祉。

休否：否时否势停止了。

大人吉：失势的大人物，时来运转，吉运亨通。

其亡其亡：否时否势否事一切被颠覆，否定之否定。

系于苞桑：关乎社稷安危命运福祸之大计。

倾否：否时否势彻底消退。

先否后喜：阴阳交变，因否而生泰，自然是吉庆的事。

• 第十三卦　同人卦:（天火同人）䷌

卦辞：同人于野，亨。利涉大川，利君子贞。

爻辞：

初九，同人于门，无咎。

六二，同人于宗，吝。

九三，伏戎于莽，升其高陵，三岁不兴。

九四，乘其墉，弗克攻，吉。

九五，同人，先号咷，而后笑，大师克相遇。

上九，同人于郊，无悔。

同人象：天火同人，同气上炎，同声相应，同类聚首。

卦辞解析：

天与火同质、同气，同出一门，是谓同流同派同伙同人。“于野”相对于“在朝”，即君子尚未得时势，志向、愿望、抱负未达成之际。“同人于野”是说一班志同道合的人，相交于不名时，初出茅庐，一无所有，唯有心中洋溢着无限的激情和对于美好未来的憧憬，就像一支朝气蓬勃的队伍，高举着伟大理想的旗帜，浩浩荡荡行进在广阔的田野上，这种情状是畅达亨通的，是充满希望的，是成就一番事业的坚实基础，有利于道德情操高尚的君子，弘扬正义，坚守正道！

独木难支，孤掌难鸣。明君需良臣，龙腾需驾云，欲成就一番事业，必须“得道”才能“多助”，需择天时，选地利，揽民心，更需一批志同道合、知心换命的战友为班底，作为中坚力量，为成功打好基础。

君子和而不同，大同小异；小人同而不和，小同大异；近君子以德交，求同存异；远小人以利令，求异存同。

觅知音，识同人，结同心，有容乃大，为共同发展远大理想目标永结同心。这种建立在大时机、大视野、大理念基础上的同人、同志、同盟，非一般世俗狭隘的小团体、小宗派、小圈子、小山头可同日而语。

二人同心，其利断金；夫妻同心，黄土变金；万众同心，天翻地覆。人生难得一知己，得一知己足矣！愿得一人心，白头不相离。

历史上能成就一番大业者，无不是建立在伟大的志同道合的同人基础上的。人们耳熟能详的伟大同人不胜枚举，诸如尧帝与舜帝、鲍叔牙与管仲、廉颇与蔺相如、刘备与诸葛亮等等。

同人卦就一个人的命运来说，将结识一些新人，步上一个新阶层，融入一个理想的群体，上升至一个较高的境界，与同道团体的一些人聚集融合，不再是孤军奋战式的个人奋斗，会获得同类相随，贵人相助，理想、事业将展现出新局面。

爻辞解析：

“初九，同人于门，无咎。”一家人中亦有志同道合者，同样也会有志向相悖道义不合之人，同人不受门庭局限，一家人既是血亲至爱，又同为同道、同志，乃锦上添花，好上加好，没有妨碍和过失。

“六二，同人于宗，吝。”同人乃志同道合者，不可局限于门派宗族之间，也不可局限于故乡故土之内，历来搞小圈子、小门派、小山头的人，都胸无大志，狭隘小气，必有坎坷和懊悔，难以成就大业。

“九三，伏戎于莽，升其高陵，三岁不兴。”同人聚首欲成大业，初始需潜入林莽之中，将高陵据为险要，作为基地，养精蓄锐，隐遁修行，三年而不举大事，避免大动干戈，以“潜龙勿用”之谋略，守时待变，伺机而动。

“九四，乘其墉，弗克攻，吉。”采取渐进缓攻战略，先择机夺取占据其护城墙，暂不进行全面进攻，待其内变或来降，这样的作战方略，必是吉利吉祥的，任何事都需要以时机和过程做基础，否则，难以成就。

“九五，同人，先号咷，而后笑，大师克相遇。”最后的进攻遭遇了顽强的抵抗，同人战友们牺牲惨重，情势很是严峻，有人因悲伤而失声痛哭，同人之间因意见相左而发生了激烈的争吵。危机中前来会师的大队人马及时参战，一举攻陷敌人老巢，终于获得了全面胜利。

胜利会师的各路大军将士欢聚一堂，纵情大笑的声浪阵阵荡漾。然而，如何应对胜利后的局势？各路将帅、智囊之大师级人物，各抒己见，甚至各怀心事，可谓狭路相逢，互相克制在所难免。这种情况势必会带来新的矛盾和新一轮的竞争。

“上九，同人于郊，无悔。”“同人于郊”相较“同人于野”则是一种升迁、进步，距离核心统治地位的王城近了一程。“无悔”是正常的反应——虽然未完全达成心中志愿入朝主政，但毕竟奋斗有了成果，由野入郊，进身晋级，理想事业有了发展。倘若“同人于朝”，亦会因形势环境变化，各自利益、立场不同，而渐生间隙隔阂，甚至互相敌对，昔日浴血奋战、同生共死的战友，将分帮结派，再起内讧。

此外，胜利并不意味所有同仁都能实现自己的愿望，羡慕、嫉妒、恼恨势所难免，必然会激起新的矛盾纷争。伟大的变革不会一蹴而就，社会发展规律决定需要长期阶梯式的渐进过程。

注释：

同人于野：志同道合的人相聚于未得志及事业草创时。同人，志同道合者，同志、同道、同类。

利君子贞：有利于君子坚守正道。

吝：狭隘小气，失悔不顺，吝啬、悔吝。

莽：山林、草丛、野外。

陵：丘陵、山峰。

墉（yōng）：城墙、高垒。

弗：不、不可、不用。

号咷：争吵、哭嚎，大吵大闹。

克相遇：狭路相逢，互相克制。

同人于郊：同人共同奋斗的目标相对于“野”前进了一步，取得了阶段性成果。

• 第十四卦　大有卦：（火天大有）䷍

卦辞：大有，元亨。

爻辞：

初九，无交害，匪咎，艰则无咎。

九二，大车以载，有攸往，无咎。

九三，公用亨于天子，小人弗克。

九四，匪其彭，无咎。

六五，厥孚，交如，威如，吉。

上九，自天祐之，吉，无不利。

大有象：天上丽日，阳光普照，万物生机，丰收在望。

卦辞解析：

同人同心而后大有，同心协力，共同创造必大有收获，五谷丰登，财源滚滚，人丁兴旺，繁荣昌盛；“元亨”先天性质至大原始，天命所致通达得利！大有之时，天地光明，天人和悦，上下和谐，社会欣欣向荣，人生志得意满，富贵荣华，处处呈现生机佳境。

丰收大有，收获满满，这是上天最大的恩赐，是大自然对人类最美好的馈赠和给予。

民以食为天。古代称农业丰收为“大有”。在古代农耕初始阶段，农业基础薄弱，生产技术落后，基本靠天吃饭，在各种自然灾害面前，很是无奈的人们，喜迎“五谷丰登、六畜兴旺”的丰收情景，其心情可想而知，真可谓普天同庆，举国欢腾！

大有象征收获丰硕，财富、功名或事业成就如日中天，人生理想得以实现的鸿运如期而至。

发展经济，增收财富，无论对一个人一个家庭，还是一个单位一个国家，都是极为重要的，民富国强，国富民悦，幸福美好的生活离不开大有。

财富是绝大多数人终生追逐的目标，可是，追求财富的动机有所不同：有人仅为一己之私，满足自我不断膨胀的贪欲；有人则为家为亲尽职尽责，或为人生价值的体现；唯有伟人、圣贤为国为民为天下，民富国强，世界大同，人人过上幸福生活，才是他们终身追求的目标和人生理想。

世间事恰如先哲老子所云：“天之道损有余而补不足，人之道……损不足以奉有余。”有些人为富不仁，黑心敛财，官商勾结，贪赃枉法，祸国殃民，最终为财富所伤，为财而亡。

财富是法宝，亦是魔咒，它可以变出你想要的许多东西，也可以诅咒你在美梦中龙变虫，虎变狗，成为它掌中的玩偶和任意驱使的奴隶。

“人为财死，鸟为食亡”，金钱至上的腐朽思想将人性之私发挥到极致。

拜金主义挑战人类情感，扼杀、毁灭血亲和情爱，欲使人类社会变成金钱魔兽的乐园。然而，天道不可违，物极必反，最终，这种极恶行径必将遭到无情的批判和抛弃。

爻辞解析：

“初九，无交害，匪咎，艰则无咎。”丰收大有，富庶丰足，民间进行物资贸易的活动多起来，这种交易是没有害处的，并非什么过失、麻烦，不用担心和忧虑。大有时，若继续保持艰苦奋斗的精神和作风，不忘初心，一如既往地努力学习和工作，便不会有失误和灾祸发生。

“九二，大车以载，有攸往，无咎。”丰收大有，硕果累累，大车满载着丰收果实归来。如何支配这些物资，要有长远打算，不可随意浪费用尽，更要为实现远大目标做好充分准备，这种深谋远虑是具有深远影响力的，是没有过失和忧患的。

“九三，公用亨于天子，小人弗克。”将大有之盛况奉献给国家，向朝廷缴纳税赋，君主用于国家社稷治理，这有利于社会发展繁荣，使天下更加和谐通达。贪婪小人企图将巨大财富据为己有的阴谋，绝不能得逞，或者说根本就是痴心妄想。

“九四，匪其彭，无咎。”大有之时不忘乎所以，不事隆重奢华，不铺张浪费，不张狂傲慢，不自我膨胀，知天高地厚，感恩敬畏，谦逊低调，以平常心为人处事，就不会有过失、麻烦和忧患。

“六五，厥孚，交如，威如，吉。”有钱有势又讲诚信，真诚谦恭与人交往，自然会有威信。得人心者，受到人们的敬重和爱戴是必然的，吉祥如意亦是自然的。大有之时，如何律己待人？这是个极其严肃的课题。

“上九，自天祐之，吉，无不利。”大有之盛状乃是上天所赐，是遵天守道应人的结果。这种结果不是寻常人所能企及的，是非常之人凭非常才干，获得天人感应所致。若想一如既往得到这样的庇佑，必须从点滴做起，心存敬畏，感恩戴德，虔诚修行，坚守正义正道，永恒不变。如此，没有任何不利因素，自然会顺顺利利，吉祥如意。

注释：

大有：大丰收、大收获、大成果，拥有很多，十分富有。

无交害：交易没有害处。

匪咎：不是过失麻烦。

艰则无咎：继续保持艰苦奋斗，便没有过失、忧患。

大车以载：大车载满了丰硕成果。

有攸往：有发展有前途有影响。

公用亨于天子：丰收、收获不忘公益，奉献天子用于社稷。

小人弗克：贪腐小人妄想占为己有的图谋无法实现。

匪其彭：义同盛壮、盛大，骄傲自满，自我膨胀。

厥孚：其诚信之心至真至诚。

自天祐之：遵天守道，秉承天意，正义善行，必得天助。

无不利：没有任何不利因素。

• 第十五卦　谦卦：(地山谦) ䷎

卦辞：谦，亨，君子有终。

爻辞：

初六，谦谦君子，用涉大川，吉。

六二，鸣谦，贞吉。

九三，劳谦，君子有终，吉。

六四，无不利，㧑谦。

六五，不富以其邻，利用侵伐，无不利。

上六，鸣谦，利用行师，征邑国。

谦象：山隐地下，虚怀若谷，谦卑自微，崇高不显。

卦辞解析：

谦德品格高贵，会使君子终身受益，自始至终收获美好结果。谦德意义重大，通达得利是先天性质决定的，始终保持、践行谦德，可以令君子一生平安吉祥，善始善终。

谦是畅行无阻的，犹如明媚阳光送暖，令人深感温馨，好似和煦春风荡涤，让人倍觉亲切。谦是人际交往不可或缺的黏合剂，是进一步达成合作、同盟的重要条件，谦亦是低调退让宽容的人格魅力体现，唯君子知谦，善哉妙哉！

谦是有基础的。富有则谦，才大则谦，名高则谦，位重则谦，德厚则谦，知不足则谦。谦者不自满也，谦是胸怀、品格，亦是悟性、智慧！

常言道：满招损，谦受益。

《彖传》曰："天道亏盈而益谦，地道变盈而流谦，鬼神害盈而福谦，人道恶盈而好谦。谦，尊而光，卑而不可逾，君子之终也。”其大意是天地之道有亏有盈，有始有终，天地自损满盈而补亏欠，鬼神损害满盈而降福谦卑，君子智者憎恶满盈而爱好谦德。谦受人尊敬而愈显光大，自卑自贬令人无法超越，保持谦德是君子一生一世的修行。

谦是君子智者的优良品质，是大智慧、大觉悟者的谋略，是胸怀大志的英雄、俊杰及大成功者的天赋，他们因目标远大而知己不足，因知天命而敬畏！而蠢人不知天高地厚，不知天外有天，人外有人，不知人之渺小，生命之脆弱，人生之乖蹇，命运之变化莫测。

自信是用于自我的激励，谦虚是深知欠缺与浅薄，活到老学到老，方知学无止境。

爻辞解析：

“初六，谦谦君子，用涉大川，吉。”君子以谦德、谦能不断完善自己，使自己不断成长进步，以永不骄傲自满、永不松懈止步的姿态和勇于涉大险克大难的英雄气概，为远大理想抱负终生奋斗不息，这是十分吉利吉祥的啊！

“六二，鸣谦，贞吉。”弘扬倡导谦德，需要广泛公开，大造声势，堂堂正正，名正言顺地大力传播，这是关系是否坚守正义正道的大事。这种作为将会带来意想不到的吉运。

“九三，劳谦，君子有终，吉。”勤劳、功劳、苦劳皆为谦。勤勤恳恳，任劳任怨，有功不倨傲，仍然谦虚谨慎、兢兢业业的君子，必然会有好结果，终身会吉祥如意。

“六四，无不利，㧑谦。”频频挥舞谦德的旗帜，大张旗鼓地倡导谦德，用以感召、教化民众，规范社会秩序，是积极向上的正义之举，没有任何不利因素，将获得意想不到的效果。

“六五，不富以其邻，利用侵伐，无不利。”“大有”之后承谦——在富有的强大基础上弘扬谦德，但不能令邻邦作为榜样学习以致富，甚至这种谦逊行为被误判为软弱可欺，或者是因为邻国的不断侵扰而不能专心发展经济致富。为了维护谦德，顺应历史潮流，用武力攻伐这样的邻国，没有任何不利之处。

“上六，鸣谦，利用行师，征邑国。”西周在推翻殷商腐朽统治统一全国的大业过程中，以张扬维护谦德为旗帜，号召天下诸侯结成同盟，并向不肯“同谦”的邑国发动战争，这是时代的大背景。鸣谦是德，亦是战略。

注释：

谦：谦虚、谦恭、谦逊、谦卑、低调、不骄傲自满，贵有自知之明。

君子有终：君子秉持谦德，必定会有美好结局，终身受益。

谦谦：才高德厚却表现得低调平凡。

鸣谦：大力张扬谦德，以利广泛传播。

劳谦：有辛劳功绩而不居，继续努力奉献，亦是一种谦德。

huī
㧑谦：高举挥舞谦德的旗帜。

不富以其邻：不能致富是因为邻国的不断侵扰或不能以邻国为榜样发展经济。

利用侵伐：利用武力攻伐邻邦诸侯国。

无不利：没有任何不利之处。

邑国：乡镇、城市、诸侯封地。

• 第十六卦　豫卦:(雷地豫)

卦辞：豫，利建侯行师。

爻辞：

初六，鸣豫，凶。

六二，介于石，不终日，贞吉。

六三，盱豫，悔。迟有悔。

九四，由豫，大有得。勿疑，朋盍簪。

六五，贞疾，恒，不死。

上六，冥豫，成，有渝，无咎。

豫象：大地响春雷，万物现生机，预则立，不预则废。

卦辞解析：

豫在这里与预同音同义。豫虽然有愉悦、快乐、欢愉之意，但豫卦重点在讲建立侯国用兵打仗之事，因此应是预谋、预断之义。用兵打仗之前，当有周密谋划，成败事关生死存亡，是战略性大计。

在人类历史漫长发展进程中，发生的许许多多重大事件，一些神明般的人物窥测天机，“未卜先知”，洞察前因后果，最终稳操胜算，上演了一幕幕震撼人心、流传千古的大戏。

大地响起了春雷，人们便知道春季到了，万物就要复苏了。观象而知变，社会上出现了反抗商纣暴政的潮流，一班革命志士立即捕捉到了发动兴周灭商革命的契机，决定随时而动，顺势而为，立即起兵组织阵营，建立根据地，进而发动推翻商朝腐败统治的战争。革命者不禁欢欣鼓舞，群情激奋，士气大振。

“预则立，不预则废。”欲成就任何事都需要做好充分准备，预测、谋划必须先行，何况兴兵打仗，争夺政权？兵者，生死存亡之枢机，战争兴衰成败之大计，怎可不谋划周全?

预测是对事物的认知、经验诸多信息的汇集积累及综合掌控，并运用这些资讯和条件，对事物发展的脉络、结局做出事先的论证、推测，然后做出决断，即所谓预知先机，运筹帷幄，决胜于千里之外。

成功的预测是智慧的结晶，是智者的追求，只有大智慧之人，才具有高深莫测的预测能力。所以，谦卦之后是豫卦。

爻辞解析:

“初六，鸣豫，凶。”预虑军事战略，图谋天下霸业，乃机密至极之事，不能泄漏丝毫信息，不能显露任何迹象，甚至蛛丝马迹都可能坏了大事，鸣放张扬招摇过市自然是凶兆。圣人云:“君不密则失臣，臣不密则失身，几事不密则害成!”

“六二，介于石，不终日，贞吉。”所做任何事都需之前预虑周全，此事当刻画在石头上，以志不忘，防止因时光流转而遗忘。预虑之事当坚守正义正道，方能吉祥如意，正所谓“起念定吉凶”!

“六三，盱豫，悔。迟有悔。”凭空想象，脱离实际之预，必致懊悔。这种不着边际、异想天开、失去重大核心意义之预，必然会造成难以想象的灾难和恶果，甚至事关身家性命，事业功败垂成，即使后悔也来不及了；更可悲的是，竟然迟迟不能醒悟!

“九四，由豫，大有得。勿疑，朋盍簪。”发自内心，殚精竭虑，由衷之预必大有收获。初始也许会被人们误解、讥笑，但至诚之心及精确周密的谋划，逐渐显现出效果，最终会被同人认同、理解和赞赏，从而更加团结凝聚在一起，为共同的理想事业奋斗。

“六五，贞疾，恒，不死。”因忧思过虑而生患。由于过于坚持以至煞费心机、呕心沥血而过劳生了疾病，诸如头痛失眠、精神衰弱，长期经受折磨，但不会死人。或可解为：预虑之心至死不变。

“上六，冥豫，成，有渝，无咎。”幽冥之预，灵感、创意、神示、天意，乃是至高无上的预见，其预乃是天助，一些成功的事迹、案例、典范，已明确告诉和警示世人，无论任何事，人算不如天算，天道不可违，天意不可欺。预虑谋划必须坚守正义正道，不可生邪念恶意，如此则无忧无患。

注释：

豫：豫在这里与预同音同义，豫亦为欢乐愉悦之意。

利建侯：有利于建立诸侯国及创建根据地。

行师：军事活动，行使军事指挥权，调动军队打仗、战争。

介于石：将思想、理念、志向等表现精神活动内容的文字或图像镌刻在磐石上，以示永久铭记。

不终日：以十二个时辰、二十四小时计算，没到一天时间，不满一日之期。

xū
盱豫：瞪着眼睛向上看，凭空想象，脱离实际。

hé zān
朋盍簪：朋，朋友；盍，冲突、碰撞；簪，古人固定发髻的饰物，多用骨、玉制作，比喻朋友们头挨着头聚集在一起。

冥：阴幽、黑暗、冥界、灵界。

有渝：当为有谕，告知、明示、警示。

• 第十七卦　随卦：(泽雷随) ䷐

卦辞：随，元亨，利贞。无咎。

爻辞：

初九，官有渝，贞吉。出门交有功。

六二，系小子，失丈夫。

六三，系丈夫，失小子。随有求得，利居贞。

九四，随有获，贞凶。有孚在道，以明何咎。

九五，孚于嘉，吉。

上六，拘系之，乃从维之，王用亨于西山。

随象：泽下雷动，泽必随动，波澜起伏，势不可挡。

卦辞解析：

随之大义，至大原始，通达得利，是其先天命运及本质所决定，有利于正义正道的事业，君子因坚守其大义而无过失忧患。

站队、跟随、随从、随机、随时、随势。因预虑而思定，随当择良机吉主，顺天应人，顺时就势，准确把握大方向。选择贤德君子，追随英雄俊杰相机乘势而上，如此，必定会有吉运。古今凡举大事之英贤，没人随从难成其功，天需地随，男需女随，君需臣随，主需仆随，上需下随，大需小随，无“随”便没有大千世界。

一股浩浩荡荡的大潮流迎面而来，是随波逐流还是逆流而上？随势顺流或扬帆远航，逆势溯流则有折桅翻船之虞。然而，顺逆皆不乏时代弄潮儿。

潮流来时，君子智者需审时度势，纵观天下大势，确定自己的奋斗目标和政治方向，参加坚守正道的派别、团体势力，追随雄才大略、践行天德大义的英明领袖，为国家为民族谋利益，为天下苍生谋福祉。

政治风云变幻莫测，选派站队随从，乃是人生命运平生功罪的大计大节，错误选择将一失足成千古恨。人类历史政治斗争风云际会，权力更迭翻云覆雨，有道是“一朝天子一朝臣”，选择跟随正道正派的正人君子，还是选择跟随邪道邪派的邪恶小人，其结果是或功成名就，人生得意，名垂青史，或身败名裂，遭人唾弃，灭身、毁家、亡族。此等经典故事举不胜举，令人心惊胆战。

“随”在世俗平凡生活中，亦举足轻重，关乎人生终身福祸命运，如随什么大势，随什么时机，随什么风气，随什么潮流，随什么事业，随什么理念，随什么亲友，随什么领导，等等。

“随”需谨慎，需深思熟虑，需准确把握时机，适合自己就捷足先登，乘势而为，借势发愤图强，努力成就一番事业；时势不对，机遇没来，内容不适合自己，就潜伏隐遁，明哲保身，随遇而安，全心修行，静观待变，为下一轮大时机、大趋势来临做充分准备。

随，人生之大智慧！

爻辞解析：

“初九，官有渝，贞吉。出门交有功。”官方发布告示，朝政人事发生变动，一朝天子一朝臣，一个君王一个令，国计民生、方针政策改革创新，非同往昔。此时，贤德君子以不变应万变，恪守本分，坚守正道，可获吉兆吉运。选择恰当契机，适宜外出求同人结善缘，广交天下英贤，十分有利于建功立业。

“六二，系小子，失丈夫。”随人出门结交新人，与什么人结盟同道，选择跟随什么样的主君，事关重大，需从长计议，认真斟酌，正所谓有所得必有所失，结交小人必失去君子。

“六三，系丈夫，失小子。随有求得，利居贞。”“良禽择木而栖，良臣择主而事”，毅然选择跟随贤明君主之大人，决然舍弃奸佞邪恶之小人，这是君子最明智的追求，会获得大利大义，因而有了立足之地和归宿，更有利于为实现理想抱负，坚守正义正道继续奋斗。

“九四，随有获，贞凶。有孚在道，以明何咎。”随必有收获，随必有所就，但任何事都不能太过苛求，即使正确美好的东西，尤其名利方面，不可过分贪图，亦不可死守教条，要有灵活性，然而不失诚信及光明正大，以此则无过失忧患。

“九五，孚于嘉，吉。”因随从于有道之上贤，跟随诚信之明主，践行善意善行善道，从而人生命运渐渐步入佳境，并受到了应有的嘉奖、赏赐，自然是吉星高照，吉运亨通。

“上六，拘系之，乃从维之，王用亨于西山。”随并非完全出于自愿，有些是在裹挟甚至束缚下不得已而为之，为了推动兴周灭商的天下大势，文王于岐山祭祀，祭天地神灵以表诚意，与天下诸侯结盟，从而获得了通达顺遂之吉运。

注释：

随：随从、跟随、随时、随势、顺应、顺从等。

官有渝：官方有变动，方针政策有变化。

系小子：结交小人，跟随小人，同小人联系在一起。

失丈夫：失去正人君子及贤达伟岸之人物。

随有求得：随从的目的达到了，所求获得了回报。

有孚在道：诚信是在坚守正义正道基础上的，是符合天意的。

孚于嘉：诚信建立在美好善意基础上。

拘系之：拘禁、束缚、联系、巩固。

乃从维之：胁迫、捆绑、维系、裹挟。

亨：通达得利，畅行无阻。

• 第十八卦　蛊卦：(山风蛊) ䷑

卦辞：蛊，元亨，利涉大川。先甲三日，后甲三日。

爻辞：

初六，干父之蛊，有子考，无咎。厉，终吉。

九二，干母之蛊，不可贞。

九三，干父之蛊，小有悔，无大咎。

六四，裕父之蛊，往见吝。

六五，干父之蛊，用誉。

上九，不事王侯，高尚其事。

蛊象：山下阴风激荡，人间蛊事乱生，大乱达到大治，再现太平盛世。

卦辞解析：

蛊，错误、谬误、矛盾、纷争、猜忌、疑惑等喻义，蛊系人类的天性所致。至大原始，通达得利是其本质内因，外象虽恶，而内在则善，有利于克服大困难，排除大险阻，解决事关命运的大是大非问题，这是就整个自然和社会发展规律而言的。

古人以“甲乙丙丁戊己庚辛壬癸”十天干为纪年计时，先甲三日为辛癸壬，后甲三日为乙丙丁，取金生水，水生木，木生火，生发之机及逢七必变之规则，昭示蛊事的周期性和规律性，周而复始，更始循环，连续不断，绵延不绝。

蛊，百虫之毒。传说古人将一百只毒虫置于一石盒中封闭，百虫互相撕咬争食其身，终了仅剩一虫存活，其毒无比。

蛊卦以此喻义，形象生动深刻，令人心惊胆战。

人类社会是天使与魔鬼同处的世界。所谓天使与魔鬼是指人性的善恶。人皆具善恶之性，善性人以其本善为主体，恶性人以其本恶为主导，所谓“生命种子含量”，是通常人们所说的好人与坏人之分。人性善恶除天赋、遗传部分，亦受所处的特定环境影响，有不同的倾斜变化，即客观条件之诱因，起抑制或张扬作用，这也是人类善变的特殊本性所决定的。

人群聚集，性情各异，善恶良莠不齐，并且有利益得失及生存发展空间之争，是非矛盾不可避免。君子主求义，小人主谋利，凡事道不同，蛊乱必生。然而，阴阳交变，天道反复，善恶相生，福祸相依，乱而必治，久治则乱复生，人类社会就是这样起起落落地存在着，发展着，人类不灭，蛊事不断！

世界是个大家庭，民族众多，人群繁杂，因为所处环境不同，各自信仰不同，思想文化迥异，风俗伦理相悖以及所据立场等不同，蛊的因素甚多，因蛊而惑，因蛊而争，有竞争则有比较，优胜劣汰，这种局面有利于人类发展进步，是天道规律使然，因此是亨通的。

某种意义上说，蛊不可或缺。人事因蛊而乱，世道因蛊而变，乱则治，大乱达到大治，没有乱世，太平盛世何来？无蛊，这个世界大概就成一片死寂了，人类也就该衰亡了。

人生活在世俗中，蛊事如影随形，唯君子遵天守道，修身向善，坚守正义，克己奉公，光明正大，浩气长存，不事营私之蛊，远离邪恶之蛊，让自己的生活、生命不断升华。

爻辞解析：

“初六，干父之蛊，有子考，无咎。厉，终吉。”评判、修正先辈的错误、遗患，以为后人鉴，没有过失麻烦。儿子改正父亲的错误虽然会有些风险，但其结果是好的。

前辈的经验教训是宝贵财富，人类正是在不断总结前人的经验教训中进步的。

“九二，干母之蛊，不可贞。”古代社会分工为男主外，女主内。母亲作为内政家务之主，未免会犯有某些过错失误，儿子不可过多干预或太较真，宜秉持中正，文过饰非，甚至难得糊涂为好。

“九三，干父之蛊，小有悔，无大咎。”公开批判修正、改革父亲或前辈的政事，不啻家丑外扬，难免会有愧疚感，亦难免会有失误。以前辈为鉴，严格审查自我，必然会悔前事之不足，这种行为可以保证不会遗留太大的失误和遗患。

“六四，裕父之蛊，往见吝。”对父辈的失误和弊端，若持忽略、宽容的态度，或完全抛弃父辈的政事，都会有损害，有麻烦，不利于进步前行，会遇到重重困难，前途难以预测把握。

“六五，干父之蛊，用誉。”纠正前辈错误的东西，改进创新自己现实的工作，发扬其正义高尚的德政，继承优良传统及美好声誉，是后辈最高的智慧和谋略。

“上九，不事王侯，高尚其事。”干父之蛊，绝不是为了争名夺利，或取悦于王侯争得重用，而是为了将事业做得更好。

贤者清高好名重誉，君子以命遂志，倾心报效家国天下，功成后不入世为君王臣，而自处高洁，置身蛊事之外，隐遁世外山野。

注释：

蛊：蛊惑、蛊乱，矛盾、冲突、谬误、邪恶。

先甲三日：以十天干之甲日为中心的前三日。

后甲三日：以十天干之甲日为中心的后三日。

干父之蛊：干预父辈或前辈的政事，改正其错误。

不可贞：不可以过于苛求认真。

裕父之蛊：对父辈的过失错误、遗患弊端忽视、宽容。

往见吝：前行前往会有阻碍，不顺利，有悔吝。

用誉：继承前辈光荣传统，优良作风，美好声誉。

不事王侯：不是为王侯做事或为了得到王侯的重用。

高尚其事：为实现美好理想奋斗，或以超脱凡尘远离世俗蛊事自得清高为目的。

• 第十九卦　临卦:（地泽临）䷒

卦辞：临，元亨利贞，至于八月有凶。

爻辞：

初九：咸临，贞吉。

九二：咸临，吉。无不利。

六三：甘临，无攸利。既忧之，无咎。

六四：至临，无咎。

六五：知临，大君之宜。吉。

上六：敦临，吉。无咎。

临象：泽在地中，水低岸高，居高临下，明君治国。

卦辞解析：

临高视下，临朝视政，临岸观水……临卦坤上兑下，其象显现泽在地中，乃为江河湖海——水聚地中而成泽，泽成之地而有岸，矗岸观泽，视察水势水情，直面潮起潮落，有如君临天下，象征圣明君主治国安邦、统御海内外的豪迈气概。

临之“元亨”，天性本质因素决定其至大原始，通达得利，畅行无阻；“利贞”则是有利于坚守正义正道；“至于八月有凶”是预示八月间会有水患，洪水泛滥会导致灾情。临之时，阳气渐长，阴气渐消，但到了八月，阴阳逆势反转，阴气得势兴盛，阳气失势衰败，时值秋风荡涤、万物凋零之际，所以为凶象。以此暗喻天下事绝不会始终一帆风顺，国家社稷治理过程中，会有困难和风险，圣明君主当提高警惕，防患于未然。

人性、人事之蛊，导致乱象纷纷。人类自有了剩余物资及价值之后，贫富分化，阶级萌生，贵贱有别，丧失公正，于是，愈加激发了人性之蛊的劣根，嫉羡不平，怨愤酿患，骚动生事，借故发难，天下纷争，恃强凌弱，巧取豪夺，骄奢淫逸，贪婪腐朽，恶弊盈满，乃至官逼民反，群雄并起，兵祸连绵，生灵涂炭，饿殍遍野，天下大恸。

然而，蛊亦有其良善之性与进步性。人群因蛊而分帮分派，因蛊而跟随站队，以蛊而相搏相争，适者生存发展，不适者淘汰败落，盛强胜出者发扬光大，这是自然天道发展的必然规律。

蛊者必乱，乱者必治，小乱小治，大乱大治。“首出庶物，万国咸宁”，乱世中必有杰出人物横空出世，君临天下，统御群雄，治世保民，令天下归复太平，令社会秩序重新恢复清明境界。

明君圣主治理天下，居高临下，亲临第一线指挥，深入实际现场指导，咸临、甘临、至临、知临、敦临，以至真至诚的态度，满腔真挚的热情，说到做到的信实，认真负责的信念，勇于担当的精神，知人善任的智慧，宽怀包容的气度，管理国家，率领群民。

临治是一种治国安邦的方略，是圣贤君主的天象；圣贤君主站高望远，深谋远虑，统揽世界，以达长治久安。

爻辞解析：

“初九，咸临，贞吉。”古代明君圣主治理社稷，无不以光明正大坚贞守道昭示天下，同时以教化感化统领群民，注重喻之以理，动之以情，同民众同甘苦共患难，相亲相爱，相濡以沫，此乃与天理天道相合相通，自然运气亨通，吉利吉祥。

“九二，咸临，吉。无不利。”天地万物，无感不交，无感不易，感而遂通，感而化生。有道明君，以正义正道示人，以真情真意待人，以天道人伦感召天下万民，得吉兆吉运是自然的，没有任何不利因素。

“六三，甘临，无攸利。既忧之，无咎。”甘乃甜也。圣王君临天下，治国安邦，理朝施政，给予民众以实惠，令人民有获得感，以此感化民众，获得民心，这是明智之举，而仅以甜言蜜语或轻易许诺，略施小恩小惠以图久治，是缺乏长远眼光的，是没有长远利益的。但是，既然对此已有所忧虑，有所反省，便可及时纠正，如此，也就不会有太大的过失。

“六四，至临，无咎。”深入实际，深入基层，深入民众，亲临第一线，工作落实到位，亲民爱民，礼贤下士，与民众多方接触，认真了解民情，掌握第一手材料，制定接地气的方针政策，这样就不会有失误和忧患。

“六五，知临，大君之宜。吉。”以大智慧管理国家，教化民众，靠大政方针实施战略决策，凡事谋略在先，预测终始，乃圣明君主所具备的独特禀赋和能力，这样的君主治理国家，乃民族之幸，人民之幸，吉运通达是自然而然的。

“上六，敦临，吉。无咎。”以仁爱敦厚之内在及外表，诠释国君形象，雄才大略不显露于外，厚道持重，深沉平静，恭谨谦和，礼贤下士，以德治国，以情化民，打造礼仪之邦。心存大爱，胸怀天下众生之远大志向抱负，以这样的情操治理国家社稷，才会达到敦临的境界。

如此，除了吉祥如意，还会有什么过失和麻烦吗？

注释：

临：莅临、光临、驾临，崇高、伟岸，居高临下、俯视、视察。

至于八月有凶：时值农历八月，阴气上升，阳气衰退，预示会有灾情。

咸临：有感之临。咸即感，感召、感化、感动。

甘临：是为甘甜、甘美之临。

至临：到达、到位、亲临现场、亲自参与。

知临：知同智，知识、智慧、睿智，以聪明智慧安邦治国。

大君之宜：圣明君主适合的形式、行为、方法，独特之禀赋。

敦临：敦厚、厚道、仁慈、祥和。

• 第二十卦　观卦：（风地观）䷓

卦辞：观，盥而不荐，有孚颙若。

爻辞：

初六，童观，小人无咎，君子吝。

六二，窥观，利女贞。

六三，观我生，进退。

六四，观国之光，利用宾于王。

九五，观我生，君子无咎。

上九，观其生，君子无咎。

观象：风吹大地，四季更替，变幻莫测，彰显神圣。

卦辞解析：

观乃又见之意，看了又看而后动，系动物生存之本能，先见而后观，观察、审视、判断、决定。观，内观外观，正观反观，前观后观，上观下观，近观远观，宏观微观，乃至灵见灵观。

大千世界，至大至微，无观则盲，寸步难行。先祖圣贤因观察到风云变幻的神奇而感悟天道神圣，从而设坛祭祀，敬天敬神敬先祖，并用以教化民众，规范社稷，化成天下。

“盥而不荐”，因心存虔诚崇敬之情，洗礼沐浴，而不用献祭品，一样会灵验，意思是祭祀重在看心迹，心诚则灵；“有孚颙若”，许下的诺言说到做到，诚实无欺，神情至诚庄严肃穆，充满了无比信仰的力量，通神通灵，天人合一。

凝神冥思，上观天象，下观内心。古人思考问题，破解迷津，求得答案，获得灵感，常求助于天地感应，求助先祖神灵明示暗喻。以此而言，观不仅仅是眼见，也是心见，灵见。

灵见，常常表现出超乎自然的神奇功能。

深思入神，凝神通灵，高层次的观，不是眼见而是心观灵观！观后有感，观后而决。

观事观物，观时观势，观象观情，一切观因立场不同、视角不同、层次不同而产生不同的感觉，因此得出的结论也不同，甚至大相径庭。由此可见，反观全观很重要，因为事物不仅仅只是阴阳、正反、内外两面，而是多面，至少是上下左右前后六个层面，恰似《易经》六爻卦象之全方位，多个层面互相制约、互相影响，变化多端。所以，很多时候，事情演变很难权衡把握，很难揭示其发展的奥秘，而人类智慧的最高境界当是顺其自然，最终由“命运”这玄妙可感而不可知的“灵”决定。

人类文明在不断发展，科学技能在长足进步，许多在当时被认为神乎其神，甚至被粗暴冠以“迷信”的东西，都逐渐被认识被解读，奇迹般地成为现实、平常。然而，世界任何事物都有其局限性，人类也同样会有无法逾越的天然屏障。

爻辞解析：

“初六，童观，小人无咎，君子吝。”儿童幼稚之观及小人粗陋浅薄之见，对寻常庶民百姓不算什么，而对君子、大人则是艰涩、不顺甚至麻烦，会带来悔恨和懊恼。

“六二，窥观，利女贞。”女人窥观乃为守贞，君子窥观其形丑也。窥观乃偷看窃视之意，古代重礼教，君子当正观，目不斜视，非礼勿视，而女人则需隐晦防嫌，尤其不可对男人直视，这有利于女人循规蹈矩，坚守贞节操守。

“六三，观我生，进退。”审视自我，自观反省，总结自我成长过程的经验教训，回顾自己人生实践中的成败得失，以知天理天道，以明世间变故，从而确定正确的人生道路及明智的进退之策，使自己永远立于不败之地。

“六四，观国之光，利用宾于王。”仔细观察一个国家的民风气象，便可知其国君的人品德性，认真审视一个国家的施政方略，便可了解其国是否重用人才，因此便可洞悉其国未来的命运，从而定夺是否与之邦交，或随从臣服，以宾客身份参与王事，为其效力，共图大业。

“九五，观我生，君子无咎。”经常回顾自己的人生轨迹，不断反省自己的人生行为，总结经验教训，衡量利弊得失，分别善恶优劣，以更加坚定的信念坚守正义正道，这样的君子自然会平安吉祥，不会有过失和麻烦。

“上九，观其生，君子无咎。”认真观察他人的人生教训及成败利害，更能深刻感悟自身得失，以他人为鉴，照明自我，以他人之失为戒，便不会有失误。君子顾左右，看上下，阅古今，以便更好地端正自我，这样就不会有过失和忧患。

注释：

观：观看、观察，宏观、微观，正观、反观，心观、灵观等。

盥而不荐：祭祀时沐浴洗礼，心怀诚敬，无须献祭品亦会灵验。

有孚：说到做到，诚信无欺。

颙若（yóng）：庄严肃穆，恭敬虔诚。

童观：儿童的幼稚之见，比喻见识粗陋浅薄。

小人无咎：对于小人及普通民众不算什么，没什么大碍。

君子吝：对于君子是晦涩、有失、悔吝。

窥观：偷看、斜视、暗视，不正之见。

利女贞：有利于女人秉持贞节操守。

观我生：自省自察自己的生活及人生道路，不断总结经验教训。

进退：审时度势，确定进退之策，把握正确的奋斗方向。

观国之光：观察一个国家的民风气象，了解其国家前途命运走向。

观其生：观察他人的生活、命运，总结他人的经验教训，引以为鉴，照亮自己的道路。

• 第二十一卦　噬嗑卦：（火雷噬嗑）䷔

卦辞：噬嗑，亨。利用狱。

爻辞：

初九，屦校灭趾，无咎。

六二，噬肤灭鼻，无咎。

六三，噬腊肉遇毒，小吝，无咎。

九四，噬干胏得金矢，利艰贞。吉。

六五，噬干肉得黄金，贞厉。无咎。

上九，何校灭耳，凶。

噬嗑象：电闪雷鸣，雷震电击，惩恶扬善，法律尊严。

卦辞解析：

古圣贤通过“观”了解到人类社会发展中种种无法避免的矛盾，更了解了善良与邪恶、君子与小人的区别，以及罪恶之徒的种种卑劣行径，这些问题必须解决，良善的人们才能安居乐业，天下才能太平、安宁。并通过观察人和动物撕咬、咀嚼、吞咽食物的现象，感悟到采取“噬嗑”之严厉果断措施，扫除丑陋与邪恶，使那些罪人受到惩罚，使其他人受到警示，以维护良好的社会生活秩序，而设立监狱则是最有效的措施，是最行得通的办法。

“噬嗑”乃杀伐果决扫除障碍之意，像咬碎口中食物那样，将那些枉法犯罪的人加以刑罚。

噬嗑必然伴随严厉手段，甚至很血腥，需要有雷霆之力、闪电之威加以震慑。不能强制那些恶人伏法，社会就会混乱，民众就会失去安全与安定。法律是抑恶扬善的法宝，文明社会不可或缺，因为人性若阴阳般善恶同在，人间是天使与魔鬼同处的世界，惩罚与教化同等重要，扬善必须抑恶，恩威并施、刚柔相济才能奏效，有道是“政宽则民慢，政戾则民怨”，宽严适中乃为正道。

人类历史上盛世与衰世之得失，无不体现在刑法的适度与过度上。政治清明，施法中正，有法必依；政治腐败，严刑苛法如同儿戏，纵容假丑恶，便是打击真善美。

噬嗑对应于个人则表现为一种刚毅的性格及果敢的决断、决策能力。一个有作为的人，需时时注重修养，处处磨炼自己，努力克服自己性格中的缺陷，处世处事既不焦灼急躁，贸然失策，亦勿优柔寡断，错失良机。特别是作为决策者，在自己的工作中，要勇于负责，敢于担当，切记当断不断而受其乱，面对复杂严峻局面及丑恶现象，深刻体味噬嗑精义，使自己成为一个众望所归的优秀领导者。

爻辞解析：

“初九，屦校灭趾，无咎。”给犯罪的人戴上木制的脚镣，甚至毁坏其脚趾，以限制其行动，使其不能继续作恶，以示警诫。古代实行肉刑，诸如劓鼻、割耳、刖足等，这样做是为了惩罚恶人，所以不会带来忧患和麻烦。

“六二，噬肤灭鼻，无咎。”以罪量刑，给犯了重罪的犯人更加严酷的惩罚，以至割掉了鼻子，打烂了皮肤，这样做是正确的，没有任何过失和危害。

“六三，噬腊肉遇毒，小吝，无咎。”人生过程并非一帆风顺，坎坎坷坷无法避免，犹如经常食腊肉，难免会碰到变质有毒的，只是点小小的不顺心不如意而已，没有什么灾祸和隐患。

“九四，噬干胏得金矢，利艰贞。吉。”捕获到猎物，食用一块连筋带骨的肉时，偶然得到了一枚铜制箭头。因此惊喜万分，如获至宝。当时，铜制箭头多为皇族王公所用，是十分稀罕珍贵之物。铜制箭头十分锐利，会大大提高狩猎效率，这种幸运仿佛是天意，但这枚箭头绝不能私匿而据为已有，需坚守正义正道，恪守本分，主动上缴给主人、上方，才是吉利吉祥的事情。

“六五，噬干肉得黄金，贞厉。无咎。”食用储存风干的猎物肉时，竟意外地获得了黄金，这是件诡异难测的事，背后似乎隐藏着很大的危险。是主动上缴，保持操守，还是私自隐匿据为己有？这是对当事者的严峻考验。

善恶仅隔一线，福祸只差一念。知畏惧而慎行，则无过失忧患。

“上九，何校灭耳，凶。”从“屦校灭趾”到“噬肤灭鼻”，再到“何校灭耳”，积小恶至大恶，终于遭受灭顶之灾。罪大恶极致戴重枷割耳，成为死囚，待择日斩首示众，此乃大凶之兆。

这是一个罪犯一步步走向深渊的整个过程和真实写照，发人深省。

注释：

噬嗑（shì hé）：嘴巴启合，牙齿撕咬咀嚼，比喻扫除阻碍、清除堵塞、决断事物等意。

利用狱：发挥监狱的作用，惩罚罪犯。

jù
屦：鞋，古代用麻葛制成的一种鞋。

jiào
校：桎梏，给犯人穿戴的木制脚镣，以限制其自由行动。

zǐ
干胏：储存风干的骨肉。

金矢：铜制箭头，是商周时代的锐利武器。

何校：负荷超常沉重的刑具。

• 第二十二卦　贲卦：（山火贲） ䷕

卦辞：贲，亨。小利，有攸往。

爻辞：

初九，贲其趾，舍车而徒。

六二，贲其须。

九三，贲如濡如，永贞吉。

六四，贲如皤如，白马翰如，匪寇婚媾。

六五，贲于丘园，束帛戋戋。吝，终吉。

上九，白贲，无咎。

贲象：山下篝火，光明美妙，族群欢聚，载歌载舞。

卦辞解析：

贲，修饰、美化之意，人类因追求文明而不断发展进步，向往光明、追求美好、美化生活是人类的天性。这种意识是通达有利的，是有发展前途和影响力的，自当积极倡行。但它还不是生活的本质所在，并非生活之主体，因此说只是“小利”。

任何事物都有其丑的一面，美因丑而存在，社会需要美化，丑陋的东西需要适当掩饰。以文化道德礼仪教化治理社会，与“噬嗑”刑罚相得益彰，从而达到文以载道。以文化民，礼教刑罚各显其能，教民遵天守道，感恩敬畏，弃恶向善，使社会井然有序，天下安定太平。

人类需要妆扮修饰，生活需要丰富多彩，美好、美妙是生活的高尚境界，是由内而外、由表及里的虚实结合，相辅相成，是物质与精神的交融，是文化、文明的具体体现，是人类文明发展进步的反映与象征。

物质与精神、形象与心灵，都需要努力构建，精神文明是建立在丰富物质基础上的，发展经济，丰衣足食，而后才有欢愉的情志所至。

一个人是这样，一个家庭是这样，一个群体乃至整个社会都是这样。

修饰美化功能是社会发展的需要，古今中外没有任何社会制度，不极尽自我美化之能事，有些黑暗统治为掩盖其丑陋恶行，蒙蔽麻痹民众，不惜弄虚作假，大肆自我吹嘘美化；光明正道仁义的施政治理，也要将自己的善行德政向公众昭示，宣扬美好，稳定人心，鼓舞士气。但要适可而止，过度则有欺骗黎庶的作用，甚至自我麻醉。

从一个人的角度讲，心灵美外化为形象美，所谓相由心生：君子必彬彬有礼，贤者必慈眉善目，智者必高雅得体，诚者质朴而不事奢华。

浮云有飘逸之姿，大地有厚重之德，高山流水有自然之趣，灯红酒绿有摩登之惑。无论是未加修饰的自然还是人为构建的一切，美无处不在，但也有因人为过度干预而惨遭破坏的美景，也有因修饰不当而倍感突兀的城市建设。美在于有内涵，在于顺其自然，顺势而为，修饰得当，不矫揉造作，令人心情舒坦。“贲”的修饰美化功能，达到这样的效果才是目的所在，否则只能是东施效颦，聪明反被聪明误。

有人说女人靠妆扮修饰而美，男人靠打拼事业而美，这显然是不够准确和全面的。真正美的女人不仅外在美，更需内在美，真正的好男人当以实现伟大的理想和抱负，呈现自己壮丽的人生。

爻辞解析：

“初九，贲其趾，舍车而徒。”穿了一双很漂亮的鞋，为了显示被美化了的脚而有车不乘，选择徒步行走。一个人欲达到形象美，需从脚趾开始，即“足下生辉”，从最基础做起，自下而上。

“六二，贲其须。”古人对男人胡须极为重视，视为雄性美的重要特征，所谓“美髯公”，是对长了一把好胡须男人的赞誉。

“九三，贲如濡如，永贞吉。”面貌柔嫩润泽，周身光鲜靓丽，天生丽质，美轮美奂。然而，正人君子需注重内在美与仪表美同辉，并保持经久不变，才能吉祥如意。

“六四，贲如皤如，白马翰如，匪寇婚媾。”一队全副装束素白的队伍行进在路上，连乘骑车马也是同样的颜色。其主人因极其崇尚洁白的色调，以至太过招摇，令人产生了误会，怀疑遭遇强盗抢婚，实际是良家婚嫁迎娶队伍。

“六五，贲于丘园，束帛戋戋。吝，终吉。”婚礼仪式在果园里举行，因为太过隆重铺张，整座山丘园林都被精心装扮起来，连树枝都束上了珍贵的丝织品，不免会有些麻烦，但总体上还是顺利的。

“上九，白贲，无咎。”纯白乃为没有装饰的自然色，铅华洗尽，返璞归真，朴素无华方为美的最高境界，自然之美为最美。社会发展到最高层次，蓄意雕琢，刻意美化的功能必然消失。

一切顺乎自然是没有任何过失的。

注释：

bì
贲：美化、装饰、妆扮、文饰之意。

小利，有攸往：虽然是小惠小利，却是有发展有前途有影响力的。

贲其趾：穿着经过美饰的鞋子，将脚打扮得十分漂亮。

贲其须：精心修饰自己的胡须，尽显男性之美。

贲如濡如：将自己打扮得光鲜靓丽，优雅润泽。

pó
贲如皤如：白色以其纯白色作为美化修饰的主格调。

白马翰如：衣着素白，同所骑白马融为一体。

匪寇：并不是强盗贼寇。匪同非。

贲于丘园：连山坡上的园林也装饰美化起来。

白贲：自然无雕饰，纯洁无瑕之美。

• 第二十三卦　剥卦:（山地剥）䷖

卦辞：剥，不利，有攸往。

爻辞：

初六，剥床以足蔑，贞凶。

六二，剥床以辨蔑，贞凶。

六三，剥之，无咎。

六四，剥床以肤，凶。

六五，贯鱼，以宫人宠，无不利。

上九，硕果不食，君子得舆，小人剥庐。

剥象：地低山高，风吹雨蚀，渐趋和平，以均贫富。

卦辞解析：

文过饰非必虚伪，去伪存真乃剥之主旨。剥，亦为剥削、窃取、不劳而获之意。剥象（䷖）一阳仅存，已是阴盛阳衰，再剥即为全阴而成坤（䷁），坤阴极而必生阳，复卦

(䷗) 来矣！因此说，剥虽不利，却是有发展有前途的事体，此乃天道往复、阴阳转换、利害相生、盈虚损益之规律。

剥时，小人道长，君子道消。

天道以上厚下，人道以下厚上。

男子汉养家，君子养贤，圣人平天下养万民，能者多劳，在实现自我的同时，服务于广大民众。

相对于这种甘于自剥的剥，还有另外一种剥。社会自有了剩余物资及价值之后，人类本性因素的作用，使盘剥、窃取、寄生行为渐生渐长，并积久成患。一些人好逸恶劳，醉生梦死；还有一些人贪婪成性，为占有更多财富，不择手段，巧取豪夺。诸如虚假伪善，监守自盗，弄权收赃，贼喊捉贼，设陷欺诈，甚至公然发动战争，明火执仗，烧杀掠夺，恶行劣迹无以复加，将人类邪恶发挥到了极致。

无情揭露批判这种种丑恶行径，使正义善行得到伸张，令人性之真善美回归复原，乃是人间正道，是人类良知的呼唤。

剥蚀、剥落、剥露、剥削，像刀一样割开画皮、伪装，还其本相，这样的剥行显然会很痛苦，所以不会顺顺利利，社会演变常常是潜移默化的过程，剥其乱象，除其积弊，也需要从点点滴滴做起，乃至经过艰苦卓绝的斗争，最终达成拨乱反正的局面。

正人君子无论何时都应洁身自律，坚持自剥之道，不事他剥之行，克己奉公，无私奉献。

爻辞解析：

“初六，剥床以足蔑，贞凶。”床足乃基础、根基之意，剥由下而上，先从基础之处剥起，虽然是微小的剥蚀，但预示着凶兆，正义正道受到了危害。老子云：“天之道损有余而补不足，人之道则不然，损不足以奉有余。”人道逆天而行，革命以复天道，乃为人间正道。所以说革命是人类发展的必由之路。

“六二，剥床以辨蔑，贞凶。”剥由底层床足开始，渐渐深入，不断加剧，不知不觉剥到床沿上了，对正义正道的危害进一步加深加重，不祥之兆更加明显了。

“六三，剥之，无咎。”剥事的性质有积极的一面，乃自然规律使然，不可或缺。任何事物发展都会有个平衡点，剥之恰当适宜之时，是无灾无患的，没有过失、麻烦。

“六四，剥床以肤，凶。”剥由床足至床沿，进而伤及人的身体，产生了切肤之痛，这时已不是凶兆了，而是真正发生了凶事。

“六五，贯鱼，以宫人宠，无不利。”剥事愈演愈烈，已达极限，如鱼贯而入，畅行无阻，恰似嫔妃受宠，小人当权得意，肆无忌惮，即便如此也没有什么阻止和危害，可见上下皆贪，腐败透顶。

“上九，硕果不食，君子得舆，小人剥庐。”有道君子自剥，克己奉公，甚至流血牺牲，为天下苍生践行天道，面对丰硕的成果不贪不占，以财富与民共享，所以能得到美好声誉，若乘坐马车般被承载，而卑劣小人则被抄家，最终竟无栖身之所，甚至入狱坐牢。

注释：

剥：剥开、剥皮，剥削，剥落、剥夺，割裂等意。

不利，有攸往：虽然不利，却是有发展有影响的，系自然阴阳消长之道，不利之中的有利因素。

剥床以足蔑：蔑，微小。对床足细弱微小的剥蚀。

剥床以辨蔑：对床的剥蚀由足而至床沿连接之处。

剥床以肤：由床剥蚀至人体，渐深渐重。

贯鱼：川流不息，畅行无阻，鱼贯而入。

宫人宠：小人们如嫔妃一样受宠。

硕果不食：正人君子不贪占丰硕的成果。

君子得舆：君子获得车马之承载，比喻受到美好赞誉或获得高尚荣誉。

小人剥庐：贪腐小人受到惩罚，抄没家资，房屋宅第都被剥夺了。

• 第二十四卦　复卦:（地雷复）䷗

卦辞：复，亨。出入无疾，朋来无咎。反复其道，七日来复。利有攸往。

爻辞：

初九，不远复，无祇悔。元吉。

六二，休复，吉。

六三，频复，厉。无咎。

六四，中行独复。

六五，敦复，无悔。

上六，迷复，凶，有灾眚。用行师，终有大败。以其国君凶，至于十年不克征。

复象：雷震地动，阴消阳生，周而复始，天道循行。

卦辞解析：

有规则、规律的行为，是自然事物的运行之道，其道畅行无阻，通达得利，以七日反复、周而复始为演变过程。反复其道，复兴之道，盛衰终始，把握这个规律，便获得了行动的自由。顺应天时，无论出门在外或回归途中，出入皆顺，朋友来造访也不会遇上麻烦。这个以七日为一周轮回的运行法则，是有前途有影响力的，有利于事物永恒持久发展。

此道对应于人生命运及社会发展，亦具有重大意义，如何顺应时势，出世入世，进退隐显，皆喻义深远。

一阴一阳，一明一暗，日升日落，月盈月缺，四季更替，天道反复，有个极为精准的契机，即“七日来复”。以《易经》的观念坤卦为全阴，阴极则生阳，一阳出生复来，令六阴变为一阳五阴，乃为复卦。并由此开始了阴渐变阳、阳极则阴生的全过程，从乾到坤，从坤到乾，皆需历七卦：复（䷗）、临（䷒）、泰（䷊）、大壮（䷡）、夬（䷪）、乾（䷀）、姤（䷫）、遁（䷠）、否（䷋）、观（䷓）、剥（䷖）、坤（䷁）。

这便是阴阳反复交变、渐变的规律、法则，自然万物、人类社会、生命周期及人生命运，莫不如是。

天道因往复不断而永恒，生命因生死循环而不灭，功夫因持久修炼而精深，滴水穿石的奇迹，出于点点滴滴反反复复的努力。君子智者知其天道而遵行，必然称心如意，谋事有成。

周而复始，乃华夏先祖感应天地玄机的大觉悟，而西方文明则有“七星值周”之说，“日、月、金、木、水、火、土”每日一星轮流司值，往复不断。由此可见，人类文明有异曲同工之妙。

换言之，人类文明亦是互相交流交融的，且不说《易经》起源于七千年前，仅以《周易》三千年的历史而言，其对人类文明的伟大贡献也是不言而喻的。

爻辞解析：

“初九，不远复，无祇悔。元吉。”不远复乃为渐复，这是自然天道规则、规律所决定的，以敬慎的态度严格遵循、坚守这个法则，便不会有失悔之处，任何事物都有其局限性，过则反转。其先天本性决定会吉运亨通，畅行无阻，大吉大利。

“六二，休复，吉。”一呼一吸一息，一起一伏一平，自然规律往复运行的间隙，虽然短暂，却是不可或缺的。休复，是终始连接点，其继往开来的起承作用是吉兆，吉利吉祥。

“六三，频复，厉。无咎。”频复，节奏频繁，失措无序之复。失去规则、节制之复，是有危险的，但没有本质及道义上的错误，所以尚不足为大患。

“六四，中行独复。”中行，乃为不左不右、不失偏颇之行，是为中道。独复，乃为取中道而特立独行，独辟蹊径，从而强调了人对自然规律的认识和把握的主观能动性。中行独复是君子智慧的抉择。

“六五，敦复，无悔。”至真至诚，循规蹈矩，老老实实遵循自然规律做事，其复渐呈兴盛之势，这是事物发展演变的必然趋势，是令人无怨无悔的事情。

“上六，迷复，凶，有灾眚。用行师，终有大败。以其国君凶，至于十年不克征。”复需要坚守天道，不可随心所欲胡乱而为，迷惑、迷乱之复，会有灾祸发生，尤其是军事斗争，行师打仗之诡道，兵无常势，反复发动战争或重复某些战例，必遭惨败，会使国家遭受严重危害，这对一国之君说来是凶事，以至十年不能再打胜仗。

注释：

复：反复、回复、重复、归复、恢复。

出入无疾：把握自然运行规律，出入皆顺，不会有妨碍或麻烦。

朋来无咎：循天道，知时变，守天时，朋友来访不会有失误。

反复其道：自然之道是按其规律反复运行的。

七日来复：阴阳交变到第七次产生质变，如坤卦（䷁）六爻皆阴，而变一爻就成复卦（䷗）了，是谓一阳来复。

不远复：复是有规则有规律的，不能失常，不能过度。

无祇悔：不违背天道天则的复行，便不会因不敬慎而妄行产生悔恨。

频复：失常、超常、失则、失律之复，过度频繁之复。

中行独复：选择中行之道，不偏不倚，特立独行。

敦复：老老实实，真诚敦厚之复行。

无悔：自我提升道德修养，无怨无悔。

迷复：迷失方向，胡乱而为，乃至迷惑、迷乱之复。

有灾眚（shěng）：有灾难祸患发生。

• 第二十五卦　无妄卦：（天雷无妄）䷘

卦辞：无妄，元亨，利贞。其匪正，有眚。不利有攸往。

爻辞：

初九，无妄，往吉。

六二，不耕获，不菑畬，则利有攸往。

六三，无妄之灾，或系之牛，行人之得，邑人之灾。

九四，可贞，无咎。

九五，无妄之疾，勿药有喜。

上九，无妄行，有眚，无攸利。

无妄象：天雷震响，万物警醒，天命难违，无妄则安。

卦辞解析：

无妄的先天性及本质是至大原始、通达得利的，是有利于正义正道的，若不能坚守这一正道，必定会有灾难发生。然而，任何事物都是相对的，相辅相成的，无妄亦有其不利的因素，但这种不利因素，是有积极意义和发展前途的。

天上响起了惊雷，以警示天下万物，各遵天命，各行其道，各守本分，无妄而生，无妄而行。自然、社会、人生皆有其道，不可徒生妄念。妄念、妄想是人生的最大威胁，害人害己，到头来竹篮打水一场空。

若稍加留意便会发现，生命的许多痛苦都因妄念所致。妄念令人胡思乱想，夜不成寐，妄念令人贪欲不断膨胀，永不满足，妄念令人身在福中不知福，永远难以找到轻松快乐的感觉。

其实，生命的过程便是收获，在人生的旅途中，所作所为都是一场试验，尽人事听天命守本分才是智慧。成功与失败，得意与失意，不在结果而在经历境遇。看天下芸芸众生，品身前身后，察周遭上下，有妄与无妄更当如何？天理不可欺，天命不可违，欺者必遭谴，违者必有报。一个个生动的典故，一幕幕鲜活的事例，历历在目。

无妄相对有妄，无妄则正，有妄则邪，无妄则善，有妄则恶，无妄则安，有妄则危。《红楼梦》云：机关算尽太聪明，反误了卿卿性命。

人间正道是沧桑，无妄坚守天道人伦，无妄坚持职业操守，无妄非正不视，非正不言，非正不闻，非正不为，一身浩然正气，堂堂正正过一生。

爻辞解析：

“初九，无妄，往吉。”因为恪守本分，秉持正义而无妄，在没有妄念妄为的人生道路上前行，是吉利吉祥的，乃至吉运亨通，大吉大利。

“六二，不耕获，不菑畬，则利有攸往。”这是一片尚未开垦的处女地，因为没人种植，所以也就没有收获。这样的荒地可以开垦为良田，这是一项有利于发展生产的工作，是大有作为的事，前景可期，具有长远利益。

“六三，无妄之灾，或系之牛，行人之得，邑人之灾。”无妄之人并非就可以一切高枕无忧了，祸从天降，拴在那里的牛或许有被路人牵走的危险，邑人会因此遭受意想不到的损失和灾害。古代牛是极其宝贵的财产和生产资料。这是在告诉人们，无妄之外仍有害。

“九四，可贞，无咎。”无论遇到什么灾祸，无论处于什么情况，都需要毫不动摇地秉持无妄之信念，坚守正道，这是完全正确的，是没有任何疑问的。坚定不移持之以恒地恪守无妄之德，便不会有过失、忧患和麻烦。

“九五，无妄之疾，勿药有喜。”无妄并非万事皆吉，也会有些像患了小病小灾一样的事情发生，但这种疾患不需要药物治疗，会自然好的，并且会有意外的喜利发生，正所谓有失必有得，天报人未知。

“上九，无妄行，有眚，无攸利。”此爻分明是说不存妄念的行为有了灾祸，是没有希望和发展前景的。这应该是在阐释事物的另一方面因素，世界上任何事物都不是绝对的，“无妄”亦不例外。

由此想来，适当“有妄”亦非不可，或者说很有必要。这似乎与幻想、创意有关？人类思维若无妄得过了，便会像死水一潭，人类便不会有今天和未来。

注释：

无妄：不虚妄、不妄为，无妄念，真实诚挚，脚踏实地。

其匪正：匪即非，有妄而非正，一切与正义相悖的都是“有妄”之范畴。

有眚（shěng）：有灾难祸患发生。

不利有攸往：妄想、妄为是极为不利的因素，但其另一面有积极意义，有利于事物发展进步。

不耕获：因为不耕耘而没有收获。

不菑畲（zī yú）：没有开垦种植的土地。

邑人之灾：乡绅或村民的灾害。

可贞：坚贞守正，秉持无妄之德。

无妄之疾：即便无妄也会有某些意想不到的祸患，系事物的不利因素。

勿药有喜：不需要吃药或医治，自然会痊愈，甚至有意想不到的喜庆事情发生。

无妄行，有眚：无妄得过分过度会向反面转化，以至发生灾难祸患。

无攸利：没有发展前景，没有前途或希望。

• 第二十六卦　大畜卦：（山天大畜）䷙

卦辞：大畜，利贞。不家食，吉。利涉大川。

爻辞：

初九，有厉，利已。

九二，舆说輹。

九三，良马逐，利艰贞。曰闲舆卫，利有攸往。

六四，童牛之牿，元吉。

六五，豮豕之牙，吉。

上九，何天之衢，亨。

大畜象：山高入云，雄健伟岸，福不独享，恩泽天下。

卦辞解析：

积蓄巨大财富，更加有利于倡行正义事业。拥有“大畜”之财富，更需坚贞守道，广结善缘，广施恩泽，不独享其成，不只满足一己之贪欲，而以其养亲养贤养民，服务于社会，这样会愈发吉运亨通，更加有利于克服各种险阻，解决事关重大命运的疑难问题，推动事业进程，建立更大的功绩，成就伟大的理想抱负。

无妄的人格品行，才德兼修，才能承受“大畜”的成功局面。

财富积累不为一己之私所控制，而是进一步修德蓄能，使自己的神通更加广大，由此而谋更大的作为，在持续不断的人生奋斗中，不断成长进步，不断发展壮大，最终向着自己理想的宏伟目标冲刺。智贤君子“穷则独善其身，达则兼善天下”，圣明君主逐鹿天下，非为一人独享，而为天下苍生造福。

财富观，即人对财富的态度和观念。这是君子与小人的根本区别，是分水岭、试金石。小人喻于利，舍命不舍财，穷其毕生求财拜金，仅为一己之贪；君子喻于义，为功名气节，仗义疏财，在自养的同时兼顾他人。

财富金钱对人的改变是巨大的，同样一个人，可以变妖成魔，亦可以变神成圣。通常世人只看到它的美好，却忽略了它的丑恶，它带给人们享不尽的福，却又带给人们无穷的灾。看人间万般乱象，真可谓“人为财死，鸟为食亡”。遍览古今中外人类发展史，千年颂词，万古悲歌，有几事不与功名利禄金钱财富相连？因财富之力而实现人生价值，谋求精神大享，造福社稷的典范不胜枚举；为满足自我无限膨胀之贪欲，妄图占尽人间奇珍异美，独享天下的野心妄念之人，亦无计其数。

拥有大畜之时，君子当不忘初心，矢志不移，更加坚定自己的操守，让人生之路愈发光明正大，无限美好……

财富就一个国家民族而言，是兴衰强弱的标志，是根基是命脉，特别是在列强争霸的时代，穷困落后就要挨打，被欺压被侵略被掠夺，甚至被颠覆。因此，必须大力发展经济，创造财富，让自己不断发达强盛，跨越世界前列，永远立于不败之地！

爻辞解析：

“初九，有厉，利已。”已，或可读为“己”，拥有巨大财富仅为一己之私，或将大量财富占为己有，只为一人一家独享，这是很危险的事情。自私自利是狭隘的，卑微的，是彻头彻尾的小人之道。

“九二，舆说輹。”独占巨大财富的危险犹如车厢与车轮脱离一般，难以前行，非但承载不了什么，甚至会酿成倾覆之灾，后果不堪设想。阅尽古今，未有例外。

“九三，良马逐，利艰贞。曰闲舆卫，利有攸往。”宝马良驹是在互相追逐竞赛中显现的，这种奋进争先的精神，有利于克服艰难险阻，更有利于坚守正道，其优秀品质和意志，需要不断磨炼和养成，好比平日闲时苦练驾驭技能，在竞赛场上才能发挥得更出色，才能有更大的发展前途。

“六四，童牛之牿，元吉。”驯养小牛，起始于初。将长出犄角的小牛用横木束缚，使之习以为常。对人的培养及优良品质的养成，亦当于自幼抓起，以便形成习惯，其功德至大原始，吉利吉祥。

“六五，豮豕之牙，吉。”小猪被早早阉割了，便不会长出利牙伤人，去势之猪戾气尽失，宜于畜养，长膘育肥利民，此种情状自然吉利喜庆，呈现祥瑞之兆。

“上九，何天之衢，亨。”经历了诸多磨炼修行，培养了良好习惯，积蓄了才德能力，终于有了大成果，为前进铺就了通天大道，一路畅行无阻。大畜之富若天赐利器，君王用以治理天下，亨通无阻。

注释：

大畜：大量积蓄，巨大财富、丰厚资产、富甲一方，天下万有。

不家食：不仅仅满足一家之用，不独享其成。

利涉大川：有利于克服大困难，排除大险阻，谋求进取发展。

有厉：有危险、危害及忧患。

舆说輹（fù）：车厢与车轴相脱离，无法行进。说即脱。

良马逐：宝马良驹必争先，千里马是在奔驰中脱颖而出的。

曰闲舆卫：闲暇之时练习驾驭技能。曰，当为“日”字之讹。

童牛之牿（gù）：将牛犊的犄角用横木束缚起来，使其养成习惯，以便长成后易于驾驭。

豮豕（fén shǐ）之牙：将小雄猪早早阉割了，便不会长出伤人的獠牙。

何天之衢（qú）：通天大道，四通八达，畅行无阻。

• 第二十七卦　颐卦：(山雷颐) ䷚

卦辞：颐，贞吉。观颐，自求口实。

爻辞：

初九，舍尔灵龟，观我朵颐，凶。

六二，颠颐，拂经于丘颐。征凶。

六三，拂颐，贞凶。十年勿用，无攸利。

六四，颠颐，吉。虎视眈眈，其欲逐逐，无咎。

六五，拂经，居贞吉。不可涉大川。

上九，由颐，厉，吉。利涉大川。

颐象：山下打雷，颚齿之动，止食于口，生命自养。

卦辞解析：

颐乃人类以饮食滋养生命之意，即给养、自养等，亦指脸颊、下颌翕动咀嚼咬合，以及颐指气使之状。大畜之富导致人类食欲升级，从求生存求温饱到求营养求口福求富贵长命，进而发展到骄奢淫逸，物欲横流。

先祖圣贤通过观察人的食相，深深感悟出，以“食为天”求生自养，乃是人的自然属性、天赋之本能。在这一点上，人与其他动物基本无异，只是动物本性知足，不过分贪欲，人类则贪得无厌，穷奢极欲，并且不择手段，暴饮暴食，暴殄天物，铺张浪费，挥霍无度。更有“朱门酒肉臭，路有冻死骨”，富贵病，贫困病，并行其道，这是人类的自私愚昧、贪婪残酷所致。

“自求口实”颐养天年，首要需自食其力，不事剥削、寄生与巧取豪夺，靠自身劳动、创造获得自生自养的利益和财富，并尽职尽责，养亲养贤，奉献社会。

颐养的最高境界是先养德后养生，养心安身，性命双修，精神与肉体、心灵与形骸相辅相成。否则，骄奢淫逸，以富贵报，遗患无穷。世人只看见贫穷之害，而忽视富贵之害，“生于忧患，死于安乐”，颐养过之，灾祸来矣！

“富贵不能淫，贫贱不能移”，古代圣贤之谆谆教诲，君子当深省。

大畜之形势下，颐养势所难免，重要的是如何把握平衡。只有持中方能守恒，此乃易之智慧，天然之道，生命需要平衡，生活需要平衡，发展需要平衡，分享亦需要平衡，走共同富裕共同幸福的道路，是人类的终极追求。

爻辞解析：

“初九，舍尔灵龟，观我朵颐，凶。”不同的物种有不同的生养存活之道，舍弃自己“龟息”的天赋自养本色和功能，而羡慕或求取他人的自养方式和方法，违背了自然法则和规律，因而必然会显现不好的预兆及结果。

“六二，颠颐，拂经于丘颐。征凶。”颠覆正常的颐养之道，改弦易辙，矫枉过正，违反常规于山中修行，餐风饮露，服食丹药，不食人间烟火，谋取神仙之道，这种追求和努力，是有风险和危害的。人是饮食动物，这是上天赋予的生命自在与本能，不可妄自废弃，否则会有祸患。

“六三，拂颐，贞凶。十年勿用，无攸利。”因为违背了颐养的正确途径，按照自己的性情随心所欲，且执迷不悟，并越陷越深，难以自拔，以至十年没有一点发展进步，更不会有什么希望和前途。

“六四，颠颐，吉。虎视眈眈，其欲逐逐，无咎。”有创意有特色的颐养之道，是吉利吉祥的。人对欲望的追逐，如老虎看见了猎物一般，其急切强烈、不断增长的程度，如滚滚浪涛般汹涌而来，这是人的自然属性，没有什么过失和错误，重要的是如何掌握平衡，把住“病从口入”这道关。这是关乎生活、生命的大学问。

“六五，拂经，居贞吉。不可涉大川。”违背常规常理追求别异的颐养之道，只适合隐居独处修行的人，对他们来说或许是可喜的吉事，但不宜推而广之，令大众效仿。

此外，离群索居，缺乏人缘基础，终究摆脱不了孤家寡人的命运，难以成就大事。

“上九，由颐，厉，吉。利涉大川。”颐养不可太过，但也不能受太多约束，顺其自然为佳。随心所欲有危险，太自由就容易出问题，病从口入，膏脂腻人，营养过剩，疾病会上身，甚至会被“撑死”，若把握得当则吉祥如意，体魄强健，精力充沛，做起事来得心应手，有利于成就一番事业。

注释：

颐：脸腮、下颌，饮食、保养、颐养天年，颐指气使。

贞吉：坚守正义正道，吉利吉祥。

观颐：观看、观察人或动物的食相及食欲之情状。

自求口实：养活自我，生命自在。

舍尔灵龟：灵龟可以食气养生，舍弃自己的养生本能。

观我朵颐：观察我饮食养生的功能及食相，产生羡慕或谋求的愿望。

颠颐：违背常理常规的饮食习惯。

拂经于丘颐：离经叛道于山中炼丹服食，求神仙道以图长生不老。

拂颐：背离正确的颐养途径。

贞凶：执迷不悟以至显现危害之凶兆。

十年勿用：十年没练成可用的功夫。

无攸利：失去长远利益，没有前途和希望。

虎视眈眈：像老虎一样盯着猎物。

其欲逐逐：人的欲望如浪涛般一浪高过一浪。

拂经：不按经文典籍确定的规矩做事。

居贞吉：深居独处，坚贞不渝地持久坚持，可以克服艰难险阻，获得吉兆吉运。

不可涉大川：不可以用于事关命运及谋求大发展之事。

由颐：自由自在及随心所欲的养生方式。

厉，吉：有危险却有吉运，成功险中求。

• 第二十八卦　大过卦:（泽风大过）䷛

卦辞: 大过，栋桡。利有攸往，亨。

爻辞:

初六，藉用白茅，无咎。

九二，枯杨生稊，老夫得其女妻，无不利。

九三，栋桡，凶。

九四，栋隆，吉。有它吝。

九五，枯杨生华，老妇得其士夫，无咎无誉。

上六，过涉灭顶，凶。无咎。

大过象：兑为泽水，巽为风木，水覆没木，过犹不及。

卦辞解析：

大过乃为大的过失和错误，犹如房梁弯曲，并有继续发展的趋势。过则失衡，度量失限必致质变，阳极而衰，将向阴柔方向发展，此乃阴阳循环的自然之道，通达得利是必然的。房梁弯了，大厦将倾，必有匡扶之人出世，正所谓：家贫出孝子，国难显忠臣。

卦象显示：泽水在上，巽木在下，水本润木，但木在水下已然被淹，说明事物超过一定限度，则会作用反转，正如过分“颐养”而致“大过”一样。“栋桡”象征房屋的栋梁弯曲不正，其结果不堪设想。但以易学思维，这种大过又是亨通的，有深远影响和长远利益的，系天道自然运行的必然途径，亦是人类社会发展的必然过程。

周文王在狱中作易时，所想之大过首要应该是天下大势。总结历史经验教训：作为国家栋梁的人若不正，不堪大任，或经不起诱惑和负重，抑或原本就不正，纵欲贪腐，猥琐偏狭，狂妄残暴，豢养奸佞，独断专行，对内暴虐，对外卑怯，这才是真正的大过。

纵观古今，国家兴衰，民族存亡，常常是作为统治者和最高主宰者的大过所致。推而广之，一家之主，一个团体的领导，一个地区的首脑，其人不正，或自私狭隘，贪婪腐朽，或好逸恶劳，不尽职责，或弄虚作假，营私舞弊，必然给自己的家庭、单位和所统领的区域与国度带来种种灾难。

那么，平常人的大过是什么呢？想来应该是道德与意志的考量，是正善与邪恶、坚强与软弱、高洁与卑怯的考量。此外，都不为大过，而是小过。人非圣贤，孰能无过？改过自新，恰如蛰虫以屈求伸，恰似波浪起伏而进，人生中过错、经验、知识、成绩犹如母子，至真至诚至亲，有道是：先败而得，后败而失。

爻辞解析：

“初六，藉用白茅，无咎。”用白色的茅草铺地，举行祭祀仪式，或用蓍草作为器具，卜筮求占以解疑惑，没有任何过失、忧患和麻烦。

“九二，枯杨生稊，老夫得其女妻，无不利。”杨柳易生，其性顽强，顺应天时环境，老树生新芽，犹如老夫娶少妻，自然没什么不利之处。古代老少配很平常，有科学认知的问题，也有文化观念的问题。老夫娶少妻，虽然感觉时间上有些错位，但无碍大局。

“九三，栋桡，凶。”栋梁不直，两端都弯曲了，又无辅助，独木难支，房屋有倾覆的危险，险象已显，自然是凶兆。

“九四，栋隆，吉。有它吝。”栋梁强大，隆起虽是吉事，但亦有其他问题，与下端诸物不协调，难以契合，结果可想而知。这说明栋梁之材太弱易曲不好，太强亢盛也不好，适中守正，刚柔相济则吉。

“九五，枯杨生华，老妇得其士夫，无咎无誉。”枯杨长出新芽是正常的，但开花乃是强劲异象，有亢进之虞，犹如老妇新嫁年轻男士，虽然算不上什么太大的过失、错误，但也没有值得称道之处，实则与自然规范及社会观念皆不相宜。

“上六，过涉灭顶，凶。无咎。”人类对于美好事物的追求，出自其本性及自然之道，但不能超过限度，过分就会有险难，甚至招来灭顶之灾。

房梁弯曲与隆起亦是同理。隆梁之过，只要不继续发展，不超过一定限度，便不会产生麻烦和祸患。

注释：

大过：太过头、太过火，极度极致，严重错误、重大忧患。

栋桡：房梁弯曲不正，国家要职被奸佞小人窃取。

藉用白茅：用白色的茅草铺地举行祭祀仪式。

枯杨生稊：干枯的老杨树发出了新芽。

栋隆：房屋的栋梁上隆，稍失平衡。

有它吝：给其他方面带来不顺和影响，不够协调。

枯杨生华：枯萎的老杨树开花，不正常。

老妇得其士夫：老年女人嫁给年轻男子。

无咎无誉：不算什么太大过失，也没有什么荣誉可言。

过涉灭顶：渡太深的河有被淹死的危险，过度则为害。

• 第二十九卦　坎卦:（水水坎）䷜

卦辞：习坎，有孚，维心亨，行有尚。

爻辞：

初六，习坎，入于坎窞，凶。

九二，坎有险，求小得。

六三，来之坎坎，险且枕。入于坎窞，勿用。

六四，樽酒簋贰用缶，纳约自牖，终无咎。

九五，坎不盈，祗既平，无咎。

上六，系用徽纆，寘于丛棘，三岁不得，凶。

坎象：天降大雨，地发洪水，水势重叠，险象环生。

卦辞解析：

坎为水，亦为险，两水汇聚险象环生。水流有其规律，解其性可化险为夷。涉险需要智慧和勇气，诚心诚意学习行险，勇于承担风险，乃至习惯成自然，是通达有利的，其精神和作为被崇尚被赞誉。

人生充满坎坷，习坎，通过练习以养成习惯，以至适应各种困难险阻，是人生的必修课，任何艰难困苦的情况下，也不能丧失信念和真诚，这会让心灵得到锤炼，让意志更加坚定，让胸怀更加开阔，让自我的精神更加强大。这种锻炼是亨通承运的。

因大过而导致的坎险境遇不期而至。险者危也，出现了危险局面，随时都会有灭顶之灾。在危险面前，是英雄还是懦夫，立现真伪。英雄处险不惊，临危不惧，生死关头面不改色，豪气冲天，视死如归；而懦夫则畏首畏尾，心惊胆战，信念大丧，甚至魂飞魄散。古今大英雄都是大冒险家，历经磨难，矢志不移，敢想敢闯，敢为天下先，谋前人未竟的事业。

习坎，就是要在人生实践中，不断学会和提高克服困难、排除险阻的本领，直至习惯同各种困难和危险作斗争，使心性不断受到洗礼，使意志不断得到锤炼。这种学习修炼需要有恒心，有至诚之心，心诚则灵，这是一种伟大而高尚的情操，必然会获得无上的荣誉。

具体地讲，一个人凡取得一定的成功，大多敢于涉险、善于涉险，即使一些大失败者，亦有直面风险的胆气。唯有平庸之辈浑浑噩噩混日子而不冒险，然而，岂知这是最大的险、最大的失败。

其实，人生只是一场试验，成功失败都不那么重要，重要的是整个过程，当自己老迈的时候，回首过往，此生无悔，才是人生的真正意义。

爻辞解析：

“初六，习坎，入于坎窞，凶。”始初处于险境缺乏经验，涉险精神也不强，难免陷入困境。在坎坷的人生道路上行走，随时都有陷入坎坑中的危险。人生一世，可谓困难重重，风险频频，九死一生，凶多吉少。

“九二，坎有险，求小得。”处于困难危险的境地，求生存保安全是第一位的，不可徒生妄念求大利大誉，求小利小誉尚可获得。因处险而舍大求小之智慧，君子智者当深悟。

“六三，来之坎坎，险且枕。入于坎窞，勿用。”大水忽然而至，前后左右皆是水，隐藏着危险。稍有不慎便会掉进深坑中，险难深重到极点，这时候什么也不能做，隐忍修行，守正积善，方为上策。

“六四，樽酒簋贰用缶，纳约自牖，终无咎。”坎险深重之际，祈祷保身以求解脱，效法兽虫猫冬、蛰伏之技，避过万物肃杀之时运，静处待变。此时，与人交际需殷勤示好，严格约束自己，最好是过简朴的生活，每日一杯酒，一盘饭，一碗汤，寒窗苦读，努力增益智慧，并以简单的器具在自家的阳台上祭祀，以表对上方神灵的虔诚之心，如此，终究不会有太大过失和祸患。

“九五，坎不盈，祗既平，无咎。”险象没有预期的那么严重，坎险尚未发展到极致，因为心存虔诚之情，地神显灵，水患平息了，险情随之化解，不会再有危害了，无须再过担忧。这种气象信息透视出“天机难测”。

“上六，系用徽纆，寘于丛棘，三岁不得，凶。”天险虽过，人祸难躲，因失道或作恶导致的坎险终难获平安，最终仍然受到了惩罚，遭受牢狱之灾，被绳索捆缚于荆棘樊笼中，三年不得脱身。

坎险对于君子贤达是考验和磨炼，对良善之辈是免灾避祸，而对恶劣小人及凶顽之徒，则必然是应有的果报。

人生处处有险，敬畏守道，感恩奉天，善行避祸，持正消灾，虔诚必灵。

注释：

坎：水、险、水坑、陷阱、险难。

习坎：通过练习而习惯各种坎陷、险情、险境。

有孚：诚信、践诺、履约、规律。

维心亨：想开了，心情通达，精神愉悦，增益智慧。

行有尚：其行为是高尚的，会获得尊重与赞赏。

坎窞(dàn)：水坑、洞穴、陷阱。

求小得：身处险境求小尚能收获，求大则愈险而难得。

来之坎坎：水连着水，坑连着坑。

险且枕：身前身后皆是水，且隐藏着许多深坑，进退两难。枕释为隐。

勿用：不可作为，不要进取。

樽酒簋(guǐ)贰用缶：简单的酒杯、饭盘、汤碗之陶瓦器具。

纳约自牖(yǒu)：遵照规矩、章程在自己的窗户前设祭，敬天敬地敬先灵，以表虔诚之心。

终无咎：最终没有产生麻烦和祸患。

坎不盈：险情没有达到极致。

zhī
祗既平：祗通祇，因为心存虔诚之情，地神显灵，水患平息了，险情随之化解。

系用徽缧 mò：用粗细两道绳索捆绑犯人。

zhì
寘于丛棘：将犯人关进用荆棘围成的囚牢、监狱之中。寘同置。

三岁不得：三年无法脱身而得不到自由。

• 第三十卦　离卦：（火火离）䷝

卦辞：离，利贞，亨。畜牝牛，吉。

爻辞：

初九，履错然，敬之无咎。

六二，黄离，元吉。

九三，日昃之离，不鼓缶而歌，则大耋之嗟，凶。

九四，突如其来如。焚如，死如，弃如。

六五，出涕沱若，戚嗟若。吉。

上九，王用出征，有嘉。折首，获其丑，无咎。

离象：天地有道，上下皆明，政通人和，国强民富。

卦辞解析：

离即火。火是人类希望与光明的象征，有利于正义正道的事业，畅行无阻，通达得利是自然而然的。“畜牝牛”是当时促进生产、发展经济的重要措施，社会因此而繁荣，国家因此而强盛，这是极其美好吉祥的事情。离火丽明，需附着某种物体才能显现，智者贤达、英雄豪杰亦如是，需以践行宏伟大业来实现自我，方能如日月生辉，光耀世界。

日月在天，光明艳丽，辉映照耀大地簇新明媚，天地和睦，相辅相助，时运亨通，风调雨顺，母牛繁殖兴旺发达，收获丰厚，社会一派吉祥美好盛景。

坎危险阴暗，在困厄艰难中煎熬的人，必然期盼光明。离卦离上离下，象征天地一片光明。君子之德亦如日月交辉，正义光明。君子在坎险的境遇中，始终坚贞不屈，义无反顾地向着光明前行。

上古时代，生产技能意识初萌，资源极度匮乏，母牛是弥足珍贵的物资，而饲养繁殖母牛就成了高层次的经济活动。牛能协助耕耘，牛能拉车运载，牛奶是上乘的滋补品，牛革亦极其珍稀。母牛可以生产小牛，是发展生产、积累财富极为宝贵的资源，是民众生活的大希望，以畜母牛寓意光明与希望，既生动形象又通俗深邃。

庶民因富有而显贵，君子因光明正大而壮丽，社会因经济繁荣而吉祥，创造财富，世界才能和谐美好。

日月丽天，草木丽土，富庶丽人，中正丽道，君子贤达像日月挥洒自我，无私奉献，教化社会，养育万民，治理天下，倡行天德。

人在任何情况下都要向往光明，只要有信仰、有信念，就有希望。曙光总是在最深沉最黑暗过后显露，冲出险恶晦暗的迷途，就会与光明不期而遇。

爻辞解析：

“初九，履错然，敬之无咎。”步履蹒跚错乱，不走正道，行为失常之人，对其敬而远之或早早避开，则没有过失和忧患。其喻义是违背天道人伦、不按常规常理做事的人，虽然表面尊敬他，内心却要远远避开，尽量别跟他打交道，如此便不会受到伤害。

“六二，黄离，元吉。”黄色或橘色的太阳，既不太烈又不太暗，阴阳平衡，是为中正之色，柔和温馨，令人喜悦祥和。朝日和夕阳多为黄色，其晨起暮落之规律，乃为自然之道，至大原始，吉利吉祥。

“九三，日昃之离，不鼓缶而歌，则大耋之嗟，凶。”夕阳西下，此刻不可敲打乐器欢歌，不可鼓舞庆贺，这会引起垂暮老人的悲凉心境，从而带来不祥之兆。

“九四，突如其来如。焚如，死如，弃如。”天空突然出现个大火球，熊熊燃烧，发光发亮，很快就又熄灭消失了，给人们心里留下了恐惧与疑惑的阴影。古人对日升月落之自然现象已习以为常，但对偶然出现的大流星不免感到太突然，太离奇。因此，不禁同长久迷惑不解的天命及人生命运联系起来，认为这种异象预示将有突如其来的祸事发生，诸如火灾、病变、死亡以及被遗弃等祸患，会随时降临。

“六五，出涕沱若，戚嗟若。吉。”人生命运难测，福祸倏来倏去，真是令人悲叹。这样的人生际遇，让人不禁泪流满面，如大雨滂沱，更让人嗟哦忧伤不已，感知生命宝贵，需倍加珍惜，愈知天道难违而感恩敬畏，因此是吉利吉祥的。

“上九，王用出征，有嘉。折首，获其丑，无咎。”天象异，必有事。这种不祥之兆象征着敌国的腐朽衰败，并预示其伺机来犯的祸心。为了保护美好的生活，必须对丑恶的敌国进行征伐，选派文武双全嘉良之才为将帅，率军出征，大获成功，斩杀其首领，并揭示其丑恶行径，以绝后患，这种作为是没有错误和损害的。

注释：

离：火、太阳，光明、燃烧、附丽。

畜牝牛：饲养母牛以利繁殖。

履错然：步履交错杂乱，行走失常仿佛酒醉，借喻行为不正。

敬之无咎：敬而远之，没有过失和麻烦。

黄离：晨昏之时的太阳橘黄，既不暗晦又不太热烈，乃为中正之色。

日昃之离：太阳西斜时的景象。

不鼓缶而歌：不击鼓敲打瓦器助乐歌唱。

则大耋(dié)之嗟：以至引起极其年迈的老人悲伤。

突如其来如：没有任何征兆而突然出现的情况。

焚如：有如火烧之灾。

死如：有如死亡之至。

弃如：类似被遗弃一般。

出涕沱若：泪流满面，如大雨滂沱。

戚嗟若：忧伤悲切，嗟叹不已。

王用出征：为君王所用，率军出征。

有嘉：为君王所赏识的嘉良之才。

折首：斩杀、俘获或打败敌方首领。

• 第三十一卦　咸卦:(泽山咸)　䷞

卦辞：咸，亨，利贞。取女吉。

爻辞：

初六，咸其拇。

六二，咸其腓，凶，居吉。

九三，咸其股，执其随，往吝。

九四，贞吉，悔亡。憧憧往来，朋从尔思。

九五，咸其脢，无悔。

上六，咸其辅颊舌。

咸象：山泽润，男女交，天地感，万物生。

卦辞解析：

古人以咸为感，咸与感同义，今人有心为感，无心为咸。感为交通，感而遂通，万物因感而交变，男女因感而亲近，阴阳因感而演化，男欢女爱天之道，自然吉利吉祥。

感之初始，与人交际以礼相待，无须用心用情，渐行渐近方为正道，看对象看感觉看人品，一见如故动真情，有违自然法则，必酿后患。

感乃人际交往的必然途径，是人类生存发展繁衍生息的首要条件，是为正道，自然通达有利。男人娶女人成家立业，是人生乃至社会发展繁荣至尚至吉的大事。天阳地阴，天男地女，男女交合，互相支撑，相辅相成，才能成为一个完整美好的人，这从人字和好字的字形上，可以看得一目了然。

无数生动事例证实：一个成功男人背后，必定有个优秀的女人；一个幸福的女人身边，必定站着个好男人。

感字在人类生活中应用极为广泛，感同触觉、情绪、精神紧密联系，表达了人对彼此之间所有触及性反应，能够随意想到的诸如：感觉、感情、感观、感触、感悟、感动、感谢、感恩，以及反感、交感、同感、预感，不一而足。

感应是自然、社会、人际关系的重要纽带和环节，由此构成人类与自然、社会、家庭及万事万物之间的联系。有感则通，无感则阻，滞涩阻塞生患，交流、交通、通畅、畅达才会融洽和谐美好，才会繁荣昌盛。

感应、感召、感化，亲情、友情、爱情，天地万物之情……

天人感应是人类与自然界的交流互动，是人类赖以生存最基本、最伟大的感应，这令人类获得了文化和文明。灵感乃是感应的神圣境界。

交感、交情、交往、交际、交易、交变，相交是人生、社会发展的重要课题，不容忽视，合伙合作，择人择业，无感不交，无交难成其事。

君子虚怀若谷，以情动人，以理服人，以诚待人，以正义之身示人，久之必能感化人心，化成天下。

人以群分，物以类聚，求同聚类乃感之所为。口舌系感的重要媒介，但不是唯一的，不言之感乃信乃德乃行，不言之教是为天德天道。

孔子云："天何言哉？四时行焉，百物生焉。"

文化教育、理论宣传，是极其重要的社会感化功能，文艺、娱乐亦如是，潜移默化，细润无声，君子贤达不可不察。

爻辞解析：

"初六，咸其拇。"感是慢慢渐渐进行的，先从脚趾开始，而后及其他。与人交往亦如是，必须遵循这个道理。"咸其拇"有涉足始行之象。

"六二，咸其腓，凶，居吉。"从脚趾开始，进而感应到了小腿肚子。此时，时机尚不成熟，需静处居守，不可冒进，制动待时是为祥瑞之兆。

“九三，咸其股，执其随，往吝。”由脚趾至小腿，继而感应到了大腿上。此时，可以说时机已到，可以成行，并可以令人随行前往。但尚未达到佳境，还会有些意料不到的阻碍与麻烦出现。

“九四，贞吉，悔亡。憧憧往来，朋从尔思。”任何时候都需要坚守正道，若此，思想便不会摇摆不定，更不会有令人失悔、懊恼的事情发生。如此则可逢凶化吉，甚至吉运亨通。

由于坚持了正确的信念，坚持了正确的方向，同道认同了他的思想，前来交往的人络绎不绝。

“九五，咸其脢，无悔。”感由浅入深，渐渐发展到脊背上了，更加验证了自己坚守的原则无比正确，这是无怨无悔的选择。

“上六，咸其辅颊舌。”进而，感到了头部、脸颊和口舌部位，层次更深了，但仍未感到心的部分，需要继续感才成，直到肺腑被感动，才可以进行更高层次的交往，才会有真情真爱，才可以谈婚论嫁，才可以成为挚友、至交、知己，这样的夫妻、朋友、伙伴才能够不离不弃，生死相随。

注释：

咸：咸即感，感觉、感触、感动、感想、感应，触觉、交接、互动等。

取女吉：取即娶，迎娶女人为妻，组成家庭吉利吉祥。

咸其拇：感应自脚开始，系感的最初阶段。

咸其腓(féi)：感应加深到了小腿肚子上。腓，小腿后肌肉部分。

居吉：安居静守不动则吉。

咸其股：感应进一步深入到了大腿部位。

执其随：可以带动其他随行，起到牵制、引领、随从作用。

往吝：前进、前往、前行会有阻碍麻烦。

贞吉：坚守正义正道则吉利吉祥。

悔亡：若悔则亡，或坚贞守正便不会有悔。

憧憧往来：来往不断，络绎不绝。

朋从尔思：朋友、同道与你有共识，认同你的思想或学识。

咸其脢(méi)：感应到了脊背上，层次更高了。脢，指背部脊柱两旁的肌肉群。也比喻不可分离的关系。

无悔：矢志不移，无怨无悔。

咸其辅颊舌：感应到头部、脸颊及口舌部分，及至全身上下通透。

• 第三十二卦　恒卦：（雷风恒）䷟

卦辞：恒，亨。无咎，利贞。利有攸往。

爻辞：

初六，浚恒，贞凶。无攸利。

九二，悔亡。

九三，不恒其德，或承其羞。贞吝。

九四，田无禽。

六五，恒其德，贞。妇人吉，夫子凶。

上六，振恒，凶。

恒象：风雷交集，恒久永动，其道不改，自然天性。

卦辞解析：

阴阳之道，终始不变乃恒，恒德久持，必成大计。恒心一条，久居其道，与日月往复，必有所成，无大有小，绝无悬念。老子云："恒德不离，复归于婴儿。"

君子性情如自然风雷，持久不断，大力长久，恒定不移，求学求道，需选定方向，立场永固。

恒德，天命畅行无阻，通达得利，没有任何忧患和麻烦，有利于坚守正道，是有发展前途和深远影响力的，是事物有始有终的现象。

恒卦之所以以风雷为象，因为在自然界中，风和雷的动态性质与持久特征最为明显突出，并且在经久的运行中形态不断变化，从而证明动和变是永恒的。但这种动和变又在遵循一种永恒的规律，进而验证永恒乃是律动，律动才能永恒，而相对于动的静，也是一种动，是相对的动，相对的静，只有律动才是永恒的。

律动是一种平衡、中行的动，持中方能守恒。《象传》曰："雷风，恒，君子以立，不易方。"《彖传》曰："恒，久也……久于其道也，天地之道恒久而不已也……日月得天而能久照，四时变化而能久成，圣人久于其道，而天下化成。观其所恒，而天下万物之情可见矣！"

恒心、恒志、恒大、恒久，天地间任何事物无恒难成。自然界是这样，人世间亦是这样。阅尽古今天下事，成功未有不恒之例，持之以恒，无可生有，持之以恒，志向可遂。路遥知马力，日久见人心，恒心不灭，明灯高悬，生命不息，精神不倒，滴水穿石，春风化雨。

恒为持久不变的意志和情怀，有如天道，周而复始，反复其道而长久继续。人无恒德，一事无成。

君子求道立业，谋事求成，欲实现人生理想，唯有恒心不改，矢志不移，生命不息，奋斗不止。恒德，人生成功之秘诀，永恒之心，精诚所至，谋求必成。

爻辞解析：

“初六，浚恒，贞凶。无攸利。”始恒，犹如疏通沟渠，不可弃浅挖深，需渐行渐近，讲究方法，不可盲目无序，胡乱寻找门径，甚至投机取巧，过分、过度会适得其反，非但没有发展前途，而且会有风险和危害。万事开头难，必须做好充分的思想准备。

“九二，悔亡。”方向定，持久恒，选择了前进方向，便矢志不移，确定一个奋斗目标，便无怨无悔，这样的恒德会让一切可能导致悔恨的因素尽皆消散，若患得患失，半途而废，懊恼、失悔是不可避免的。

“九三，不恒其德，或承其羞。贞吝。”德行不恒，中途犹豫彷徨必失其道，令事业夭折，因此而蒙羞承耻，乃至失去大利大义，若不能及时醒悟，固执己见，必定招致诸多阻碍、麻烦和忧患。

“九四，田无禽。”行德不恒，像在一个没有猎物甚至连禽鸟都没有的地方狩猎一样，选错了地方而不得其位，到头来只能是一场空。

“六五，恒其德，贞。妇人吉，夫子凶。”君子现身立世，建功立业，必得恒心恒志恒力，必须遵天守道。

古代实行一夫多妻制，女人忠贞不渝终生侍奉一个夫君是吉事，而男人多妻是成功的表现，但不可专宠，否则是不祥之兆。

“上六，振恒，凶。”恒乃持久沉静之功，不可过分张扬，不安分静守的恒行自然是凶的。其意是恒久之道需默默进行，无须大吵大嚷，弄得惊天动地，让全世界都知道，大智恒德者无不是“退藏入秘，神明默成”，无不是十年不鸣，一鸣惊人。

注释：

恒：持久、不变、永恒、恒大、恒志、恒常。

浚恒：求恒如疏通挖掘渠道，始初不可求深。

贞凶：虽正但过度过量适得其反亦为凶兆。

不恒其德：美好的德行未能持久。

或承其羞：因不能坚守恒德而失败蒙受羞辱。

贞吝：正义事业遭受阻碍和麻烦，过正则不顺。

田无禽：田野里连野鸡野鸭都没有，狩猎者一无所获。

恒其德：美好志向坚定不移，持久不变。

妇人吉：古代贞节观，女人从一而终乃吉利吉祥。

夫子凶：古代一夫多妻制，男人不可专宠，否则为不祥之兆。

振恒：恒志需静默坚守，不可过于张扬以博虚荣。

• 第三十三卦　遁卦：（天山遁）䷠

卦辞：遁，亨，小利贞。

爻辞：

初六，遁尾，厉。勿用，有攸往。

六二，执之用黄牛之革，莫之胜说。

九三，系遁，有疾厉。畜臣妾吉。

九四，好遁，君子吉，小人否。

九五，嘉遁，贞吉。

上九，肥遁，无不利。

遁象：天下有山，山中有仙，君子隐遁，以待时变。

卦辞解析：

欲恒久，必遁而反复其道，若日升月落，阴阳转换，若春夏秋冬，四季更替。

纵观天下大事，凡成大业者，必有一遁。隐遁修行，苦积德能，涵养学识，上下求索，十年磨砺，十年不名。志向远大、胸怀抱负的君子，无不耐得住寂寞，经得住成功前的冷落与失意。恰如尼采所言："谁终将声震人间，必长久深自缄默；谁终将点燃闪电，必长久如云漂泊。"

遁，通达顺遂，有利于坚守正道，是大往小来而小往大来之途径。审时度势，时运不济，君子当隐迹遁形，闭门守关，潜心凝志，流俗不出，不显不露。小人得势占位之时，君子不与其为伍，退避忍让，不名不闻，正固静守，待机应变，适时而出，此乃人生之大谋略。

天道阴阳交变，世道司职转换。因而，有光明亦有阴暗，有白昼亦有黑夜，有春夏亦有秋冬，孤阴不生，独阳不长，君子小人，天使妖魔，善恶同处，良莠参半。否则，天地便无以永存，社会便无以长久，生态破坏就如没有狼的草原，鹿群将会退化，这就是大道自然的奥秘所在。

知天道地道世道人道，小人当道否之时，君子自当退隐。孔子云："天下有道则见，无道则隐。邦有道，贫且贱焉，耻也；邦无道，富且贵焉，耻也。"

天机反转，太阳落山，黑夜即将降临，君子该休息了。

遁是阴阳转换之必然，是君子与小人进退换位之时运，没有小人之祸患，便没有君子治患戡乱之功德。此乃天道法则，亦是人道之智谋，唯有如此，世界才能花红热闹，事物才能持久永恒。

一呼一吸一息，一起一伏一平，有劳有逸，有进有退，有升有降，适可而止，以退为进，以屈求伸，顺逆互推互助，日月因互相退让而能久照，是为双明，遁之义不言而喻。

求遁乃修行学养之大法度，高隐苦修苦学才能成大功，唯有圣贤之心，方能甘于寂寞，久居下位而不躁。

爻辞解析：

“初六，遁尾，厉。勿用，有攸往。”只遁个尾巴，是浅表的遁，这种非全身心的遁是有危险的，是不可为用的。但毕竟方向对头，是有希望有发展有前景的，或者说是有深远意义的，起码有了遁的意识，有了遁的行为。

“六二，执之用黄牛之革，莫之胜说。”用黄牛的皮革捆绑是牢固的，不易挣脱。牛革在当时是柔韧坚固的象征。树立遁的志向和意愿不能三心二意，不能轻易动摇，应矢志不移，坚如磐石，任何说辞也难以改变。

“九三，系遁，有疾厉。畜臣妾吉。”牢牢拴住自己，乃至死死固定在那里硬遁，会生疾病的，是有危险的。君子、智者之遁是有序的，系统妥善地安置自己的行动和日常生活才成。遁行不可捆绑，需自觉自愿，若束缚、强制、胁迫会犯毛病，有隐患，倘若以此法养臣子、妻妾，则会吉利吉祥。

“九四，好遁，君子吉，小人否。”有志向爱好隐遁的君子，是吉祥如意吉运亨通的，因为君子隐遁是为了修行，蓄德蓄才，是为了实现远大目标主动采取的行动，而小人之遁是迫于形势，隐迹遁形逃亡，是受困于灾难，处于苦不堪言之境遇。

“九五，嘉遁，贞吉。”更高层次谓之成功的遁，至真至善至美，是喜庆的，实现了自己的意志和愿望，为正义正道的事业做出了贡献，自然吉祥如意。

“上九，肥遁，无不利。”大隐于朝，中隐于市，小隐于山，功成身退，拥有盛名、财富之遁是更高尚更理想的遁，没有任何不利因素。

注释：

遁：退避、隐藏、归隐、潜伏、仙居。

小利贞：从大局看，虽为小利，却是正义正道。

遁尾：只隐藏了尾巴，浅表之遁。

执之用黄牛之革：用黄牛皮绳索捆绑、牵制，十分牢固。

莫之胜说：任何说辞也无法动摇、改变遁之初衷。

系遁：束缚、羁绊、胁迫非志愿之遁。

有疾厉：有忧患病患，有危险危害。

畜臣妾吉：以束缚、制约之法养臣子、妻妾则会吉利吉祥。

好遁：喜欢、自愿之遁。

君子吉：遁对君子、志士是吉事。

小人否：遁对小人恶徒则是灾祸。

嘉遁：成功达愿、喜庆可嘉之遁。

肥遁：功成名就身退，拥有盛名、财富而归隐。

无不利：没有任何不利因素，乃最高端的遁。

• 第三十四卦　大壮卦：（雷天大壮）䷡

卦辞：大壮，利贞。

爻辞：

初九，壮于趾。征凶，有孚。

九二，贞吉。

九三，小人用壮，君子用罔，贞厉。羝羊触藩，羸其角。

九四，贞吉悔亡。藩决不羸，壮于大舆之輹。

九五，丧羊于易，无悔。

上六，羝羊触藩，不能退，不能遂。无攸利，艰则吉。

大壮象：天上响雷，万钧之力，气壮山河，惊天动地。

卦辞解析：

大哉盛壮，壮哉盛强，盛年盛世，盛景盛象，盛典盛装，盛意盛情，血气方刚，气吞山河，蒸蒸日上，所向披靡，势不可挡。

大壮者盛，大壮者强，大壮者正，大壮者有志，大壮者有智，大壮者有信，大壮者自谦，大壮者无私无畏，大壮者自强不息。精神的壮大，灵魂的壮大，是最大的壮。老子曰："知人者智，自知者明，胜人者有力，自胜者强。"

大壮，意在事物发展至盛强时所具有的诸多现象：如日中天，气势磅礴；秋高气爽，硕果累累；人到中年，三十而立；位极人臣，权倾天下；梦想成真，一帆风顺；等等。

壮者不可逞强，更需谦逊低调，守礼守节，坚贞内敛，不骄不狂，非正勿视，非善莫为。壮大盛强之时，风险潜伏隐形，更当谨慎小心，须知盛衰仅一步之遥，稍一放纵便会埋下祸根，历史教训俯拾即是，触目惊心，恰若"成在败时，败在成时"之谶。

人生大壮乃处意气风发、志得意满之佳境，但此时更当坚贞守正，谦恭自律，谨言慎行，明哲保身。

三国时魏国文学家李康在《运命论》中说："故木秀于林风必摧之，堆出于岸流必湍之，行高于人众必非之。前监不远，覆车继轨。"

不正则邪，不正则倾。君子当明哲，高处不胜寒，登顶虽可望远，风光无限，但脚下是下坡路，甚至是峡谷深涧，稍有疏忽便会失足跌落。爬得越高，跌得越惨，先哲教诲萦绕耳畔，强大至极便是弱。放眼尘俗，无论官场、商场、道场还是情场，耳闻目睹，不可胜计。

人生大壮时期，生活、事业、命运步入鼎盛发展阶段，大壮之年精力充沛，大壮时机事业有成，大壮运势不可挡。然而，此时也是整体人生命运起承沉浮转折点，君子善类当铭记于心，遵天守道，感恩敬畏，谦卑恭谨，持中守成，切忌得意忘形，妄自尊大，逆天欺人，逞强遗患。否则，稍不留神，便会一失足成千古恨。

爻辞解析：

"初九，壮于趾，征凶，有孚。"壮是由一点点一步步一层层开始的，犹如一个人从脚趾开始壮起，逐渐强壮，方能壮行。初始之壮尚不可有所作为，否则会有凶险，因为初始之壮基础薄弱，求存是当务之急，没有余力图谋发展，这是规律性的，任何事物若违背规律都会受到惩罚。

“九二，贞吉。”事物初始成长阶段，需要坚贞守正，倡行正道，积极加强自我修行，努力克服妄念，脚踏实地，积德蓄能，务实求真，唯有如此，才能吉利吉祥，吉运亨通。

“九三，小人用壮，君子用罔，贞厉。羝羊触藩，羸其角。”小人用壮时，君子则不用，若过于坚持会有危险。小人盛壮得意之时，君子必失势受压，此乃阴长阳消之时运，君子若固执过正会陷入困境，好似公羊触撞篱笆，其角会被束缚卡住一样。

“九四，贞吉悔亡。藩决不羸，壮于大舆之輹。”阴阳交变，时运转换，到了该大张旗鼓弘扬正气的时候了，这时若迟疑不决，必有重大损害令人悔恨不已，因为此时君子已强壮到了一定程度，可以冲破一切阻碍了，像大车的两个轮子般能够滚滚向前，君子用壮的时机完全成熟。

“九五，丧羊于易，无悔。”君子用壮时，羊在白天或夜晚丢失了，这是事物发展变化的规律，没有什么可后悔的，奋斗过程中有些损失是正常的，正所谓求大义必失小利，以损求益也是天道使然，有失必有得，利害得失贵在权衡、抉择。

“上六，羝羊触藩，不能退，不能遂。无攸利，艰则吉。”事物发展至因壮而弱，因盛而衰，这时候犹如公羊触藩，其角被缠绕被卡住，陷入进退两难之境地，再没有什么发展前途了。君子莫忘初衷，继续保持艰苦奋斗的精神，勇敢克难则会吉利吉祥。

注释：

大壮：盛强、强大、强势、壮大、宏大、声势浩大、气势磅礴、气贯长虹。

利贞：有利于坚贞、忠贞、正义、正气、天道，有利于正义正道的事业。

壮于趾：壮从脚趾开始，比喻事物打基础阶段。

征凶：时机不对，有作为、求进取、发挥作用会有损害。

有孚：有规律，有规则，有诚信。

贞吉：坚守正义，弘扬正气，则会有吉运。

小人用壮：小人得势盛强之时，逞强用壮无不用其极。

君子用罔：君子无为、勿用、守静，伺机待变。

贞厉：固执、过正、逞强有危险。

羝羊触藩：公羊以角撞击篱笆，以图摆脱困境。

léi
羸其角：其角被缠住或卡住。

贞吉悔亡：正义的事业吉运亨通，此时若迟疑不决会招致灾难祸患。

藩决不羸：篱笆已被冲破，无法阻碍束缚。

壮于大舆之輹(fù)：如大车轮子般强壮、坚固，以承重载。

丧羊于易：易为日月或白天夜晚，羊死掉或丢失了，意为损失利益。

无悔：没有悔意。

不能退，不能遂：被卡得死死的，进退不得。

艰则吉：困境之中坚贞不屈，继续艰苦奋斗，则为吉祥之兆。

• 第三十五卦　晋卦:（火地晋） ䷢

卦辞：晋，康侯用锡马蕃庶，昼日三接。

爻辞：

初六，晋如摧如，贞吉。罔孚。裕无咎。

六二，晋如愁如，贞吉。受兹介福，于其王母。

六三，众允，悔亡。

九四，晋如鼫鼠，贞厉。

六五，悔亡，失得勿恤。往吉，无不利。

上九，晋其角，维用伐邑。厉吉无咎，贞吝。

晋象：东方红日，光芒万丈，普照大地，万物生发。

卦辞解析：

一轮旭日，冉冉东升，光明艳丽，辉映四方，渐升渐高，遥挂中天，气势磅礴，光焰万丈，照耀大地一片盎然生机，展现无限美好景象，从而喻义一位胸怀博大的英明君主，为实现国家富强民族昌盛，畜天下养万民的伟大抱负和崇高情怀。

周武王之弟“康侯”，是一位有基础有成就、名声地位相当显赫的地方诸侯，但他仍不故步自封，继续以正大无私的爱民情怀，发展壮大自己邦国的事业，不断开拓新局面，使自己逐渐向更高的层次晋升。为促进生产、壮大地方经济，他以君王赐予的宝马良驹做种马，帮助民间繁殖良马，一日竟连续接种了三次。

一个完全脱离了低级物欲与趣味，摆脱了一己之私、一己之利、一己之名的束缚与羁绊，完全以天下为己任的英雄形象跃然眼前。古今人类生存、发展史不乏这样的伟岸者。正是他们殚精竭虑，前赴后继，克己奉公，无私奉献，甚至不惜流血牺牲，用人生最宝贵的生命献祭，为社稷为民众谋福祉，中华民族才能不断繁荣昌盛，发展进步到今天。由此说来，有理想抱负、服务于天下的君子，当不断提升自己，使自己的功业德行影响增益于他人，犹如旭日东升，朝气蓬勃，将炽热之情尽情挥洒，惠及天下万物。

晋，成长进步，发展发达，事业有成，前程似锦。

“锡马蕃庶”授富于民，恩泽邦国，福荫社稷。君子如日月之明，昭示天下崇德。精神宏伟，心灵强大乃是最大的晋升，古今成大业者，无不具有超强的精神力量。

宏图大业需渐行渐进，步步为营，理想信念刻骨铭心，须臾不怠，一息尚存，斗志不减，活到老干到老，活到老学到老。

爻辞解析：

“初六，晋如摧如，贞吉。罔孚。裕无咎。”晋催人奋进，晋需坚持正道，方能调动人的潜力和积极性，推动理想事业向前发展，获得吉兆吉运。晋无须墨守成规，要勇于破除旧有成例及规则，改革创新，变通进取。晋不能迷惘摇摆，要坦坦荡荡，坚定不移，更需胸怀广阔，如此，则不会出现过失和麻烦。

“六二，晋如愁如，贞吉。受兹介福，于其王母。”晋的过程必有忧思愁烦，乃至困难阻碍，坚守正道毫不动摇，用心谋划，坚持不懈，则为吉兆，定会受到长辈的帮助与祝福，亦必然会获得祖上深厚的恩泽福荫。

“六三，众允，悔亡。”晋升需得众望，否则难以成就。因坚定不移地向前进，继续不断地提高自己的学业德能，从而受到众人的信赖与支持，偶尔患得患失闪现脑际的悔意荡然无存，晋升上进的信念更加坚定。

“九四，晋如鼫鼠，贞厉。”求升上进应志向高远，不能像鼫鼠那样目光短浅，也不能过于执着甚至钻牛角尖，否则会有危险、危害。

“六五，悔亡，失得勿恤。往吉，无不利。”晋升之路、奋进之行不可悔，得失之间无须忧烦自怜，勇往直前必然吉利吉庆，没有什么不利因素，埋头苦干，莫问前程。

“上九，晋其角，维用伐邑。厉吉无咎，贞吝。”任何事物都有极限量度，晋升到了犄角尖端，位极人臣，再无可升之职了。此时，只有率兵征伐他国邑城，才能建立更大的功业，此举虽有危险却是吉事。方向路线正确，符合兴周灭商的大政方针，战略无误，但不可太过执着，过则反而致失悔悭吝。

注释：

晋：进、升、晋级、增益、提高、生发、前进、向上。

康侯：周武王之弟，一方王侯。

用锡马蕃庶：康侯用君王所赐宝马为民繁殖马驹接种。锡释为赐。

晋如摧如：晋需要积极向上奋发进取的精神。

贞吉：坚守正道，吉利吉祥。

罔孚：晋不需要墨守成规，要勇于改革创新。

裕无咎：宽怀博大无过失忧患。

晋如愁如：晋进过程必有愁思忧烦。

受兹介福：承受如此大的福荫庇护。

于其王母：康侯于其祖母身前获得很大恩泽。

众允：众望所归。

晋如鼫（shí）鼠：晋需以鼫鼠为鉴，防止浅薄、短视、贪婪。

贞厉：过正则反，过分追求有危害。

失得勿恤：得失无须怜惜。

晋其角：进到顶端，达至极限。

维用伐邑：只有采取攻城略地征伐他国之方略获得晋升。

厉吉无咎：虽然有危险，却吉运亨通，没有什么可担忧的。

• 第三十六卦　明夷卦：（地火明夷）䷣

卦辞：明夷，利艰贞。

爻辞：

初九，明夷于飞，垂其翼。君子之行，三日不食。有攸往，主人有言。

六二，明夷，夷于左股，用拯马壮，吉。

九三，明夷于南狩，得其大首。不可疾贞。

六四，入于左腹。获明夷之心，于出门庭。

六五，箕子之明夷，利贞。

上六，不明晦，初登于天，后入于地。

明夷象：地下有火，明在暗处，落日之辉，火山之象。

卦辞解析：

因晋而伤，回避下野，明入暗中，隐遁暗明，此乃韬晦之计，人生之大谋略。

时空转换，运势更替，是事物发展的必然规律，天道阴势强盛之时，阳明必为其所伤，所谓明夷之时势，君子所处之境遇。明哲保身而后能明，乃明夷之大义。身处险境之时，"留得青山在，不怕没柴烧"。除极特殊需舍生取义的情势下，其他任何时候安全第一，人生历程起起伏伏实乃常情，常言道"人无千日好，花无百日红"，各种大灾小难说不清道不明，说来就来，无妄之灾，祸从天降，人生命运可畏。

有道君子内心永远正义光明，待时避难图变，表面柔顺不争，暗中继明施光，尽职尽责，尽忠尽义。

明夷即暗明，有如黑夜中的天光，因太阳隐身地下而折射出光亮；有如火山的岩浆在阴暗的地壳中炙热炽焰；有如至真至诚至亲至爱的伟大情感，像神灵般默默地护佑着自己施爱的对象那样。同时，也喻义以特殊方式发挥作用、施展影响力，及以退为进、韬光养晦、保身求全、以屈求伸的谋略等等。

明夷，亦有能臣良将受挫受压受排挤，虽失势失宠却仍具影响力之喻义。

明夷之时，系小人道长势盛，君子道消势衰，泰否情势转换阶段，乃是君子极其艰难时期，既要保全自己，又要发挥作用，危险随时会来，所以“利艰贞”，只有经得住艰难困苦的严峻考验，熬过严酷的冬季，才能迎来春天的喜讯。而那些不识时务、不知隐忍、始终锋芒毕露的人，却往往下场很惨，壮志未酬身先死，无谓牺牲空遗恨。审慎、忍让、谦恭、圆融之明夷品德，乃君子人生成功之大道。

明夷之策，君子之阳谋。失势退隐，明心不灭，审时度势，含光用晦，守道修行，恒心不死，希望永存。

以自然之道、日升月落之现象，喻义善恶交变，君子应采取的智谋对策，表明君子为保明而保身，身退心不退，越挫越坚，择机施展大智大勇，弘扬正义，保家卫国，除暴安良，最终推动事业发展、社会进步的雄才大略。

爻辞解析：

“初九，明夷于飞，垂其翼，君子之行，三日不食。有攸往，主人有言。”明夷之时，君子有如受伤的鸟儿在飞翔，翅膀已低垂下来，内心却恨不能如以往展翅高飞。为形势所迫，危急中匆匆而出，徒步奔走前行，以至三日未得进食。逃命的道路虽然艰辛，却充满了希望，因为心中时刻牢记着主君的嘱托和召唤。

“六二，明夷，夷于左股，用拯马壮，吉。”因为奔逃过于急切，不慎左腿受了伤，前行更加艰辛，但绝处逢生，幸得天缘人助，获得一匹健壮的马骑行，自然吉利吉祥。

“九三，明夷于南狩，得其大首，不可疾贞。”君子受难之时，被贬充军，遣往南方打仗，征伐蛮族，大获成功，俘获其重要首领，但不可急于报功请赏，或自行裁决，需固守本分，层层奏报，谦逊恭谨为妙。

“六四，入于左腹。获明夷之心，于出门庭。”心在左腹，入心之明夷可谓深刻。虽然取得了很大成就，但时机仍不成熟，需时刻警惕自己的处境，把明夷之策挂在心坎上，运用自如，乃至出神入化，出门在外才能安全。

“六五，箕子之明夷，利贞。”圣贤箕子之明夷，乃是固元守本之典范，既坚守了正义未助纣为虐，又不做无谓的牺牲，堪称至高境界。

箕子装疯保身，经历万般苦难，从而固明继明，为后世树立了不朽榜样，充分佐证光明是熄灭不了的，无论什么情况下，只要心存信念，便会有光明。

“上六，不明晦，初登于天，后入于地。”时势降临，应该退隐藏匿之机，不知采取明晦之策，仍然逞强上行，最初可能升得很高，甚至登上天庭，位极人臣，但最终必将堕入深渊。

顺应天道，审时度势，乃有道君子成功人生的秘籍，人生得意绝非长久，当进当退，花开花落必有时，无论官场商场名场利场还是情场。

注释：

明夷：明伤、明晦、明衰、暗明，日落，岩浆内炙等。

利艰贞：有利于克服艰难困苦，坚守正义的事业。

明夷于飞：落难之时逃离，恨不能插翅而飞。

垂其翼：翅膀受伤无法展翅高飞。

君子之行：陈述君子出行的情形。

三日不食：日夜兼程，疲于奔命，连续三日未得进食。

主人有言：牢记主君的嘱托或受到主人的责难。

夷于左股：祸不单行，伤上加伤，左腿患疾。

用拯马壮：得骑强壮马匹脱险。

明夷于南狩：被充军派往南方打仗。

得其大首：征伐蛮族抓获其首领。

不可疾贞：不可操之过急，求成心切适得其反，有伤正道。

入于左腹：心在左腹，明夷之策铭刻心头，融入血液之中，运用自如。

于出门庭：全身心投入须臾不怠，外出交际谋事践行明夷之谋略。

箕子之明夷：纣王加害箕子，箕子装疯守身、固本继明。

不明晦：明伤暗淡之时势而不知隐退。

初登于天：初始得意高升，如登天庭。

后入于地：爬得高跌得惨，如坠地狱一般。

• 第三十七卦　家人卦：（风火家人）䷤

卦辞：家人，利女贞。

爻辞：

初九，闲有家，悔亡。

六二，无攸遂，在中馈，贞吉。

九三，家人嗃嗃，悔厉吉。妇子嘻嘻，终吝。

六四，富家，大吉。

九五，王假有家。勿恤，吉。

上九，有孚威如，终吉。

家人象：火借风势，风助火势，风火同源，出自一家。

卦辞解析：

秉承天地阴阳之道，人类社会发展至男女相随、夫妇相配组成家庭的过程。本着社会分工男主外女主内的思想理念，家是女人的岗位，女人主持家庭内政的特征十分明显。因此，家庭生活的好坏得失，取决于女主人的品德、才智。

家人是个小群体，亦是个典型的小社会，家庭成员的关系即是人与人之间的关系。家人中最重要的关系是夫妻，因为有夫妻才有儿女，有兄妹，有父母，有子孙。夫妻关系有如天地，天地和而万物生，夫妻和而家道兴。天地不睦，夫妻不和，灾难深重。

传统观念中，男主外，女主内，现代社会虽有诸多改变，但在某些基本家务事上，女人仍然是真正的一家之主持，家政的当权者。“家是女人的”，自古传承下来的至理名言，所以说“利女贞”。家庭主妇正派、贤淑、善良、勤勉、聪慧，与丈夫真诚和睦相处，是家门之幸，是家人之福。

家是人生的港湾，否之时君子失意、劳烦、涉险，家是最好的避难所。隐遁下野回归家庭，修身疗伤，伺机待变，并得以闲暇关爱家人，秀夫妻恩爱，享受难得的天伦之乐与轻松时光，是一个胸怀大志的奋斗者，不可或缺的人生宝贵际遇。

家道正而天下定。家是爱巢，国是平安岛，真情真爱是维持家庭的法宝，忠贞不渝是保家卫国的纲要，纲举而目张，民生悦则国安宁。

金钱至上的观念，令人际关系、家庭理念遭受严重损害，导致“男不正，女不从，阴阳否，孤寡独”的邪气浸淫家人健康肌体，如此大逆不道必自食苦果。试想，一个人为一己之欲念，连家都不顾了，连亲人都不爱了，会是怎样一种情形？家是命脉之源头，社会文明之根基，家庭观念丧失，便会堕入极端自私的魔道而万劫不复。

家和万事兴，贫贱见真情。爱是克己，爱是牺牲，爱是奉献，家人恩爱苦也甜，家人相争，苦海无边。

因此君子当尽心尽力，全身心投入，让家庭成为家人安康幸福的安乐窝。

爻辞解析：

“初九，闲有家，悔亡。”真正想获得一份安逸，只有在自己家里。在外劳苦奔波之后，才能深切感受到家的舒服、自在、悠闲。若能明白这个道理，便不会有疑虑和悔意，倘若患得患失，将会招致灾祸。

“六二，无攸遂，在中馈，贞吉。”女人在家中主持家政，需守中正之道，柔顺正派，恪守妇德，对关系家庭长远利益及命运大计，不可独断专行，要尽心尽意搞好饮食供给。

“九三，家人嗃嗃，悔厉吉。妇子嘻嘻，终吝。”一户人家严守家规家道，父严母慈子孝，礼仪严谨，中规中矩，初看似缺乏温情，甚至有悔吝有危难，但结果却是吉利吉祥的。倘若亲子之间、夫妻之间没有分别，老少上下没大没小，整日里嘻嘻哈哈，吵吵闹闹，乃至老不尊少不敬，父不爱子不孝，家道尽失，必定会产生困厄和烦恼，家人难以亲近和睦。

“六四，富家，大吉。”富有之家一顺百顺，大吉大利。贫困之家百事哀，处处艰，事事难，步步险。发展经济，创造财富太重要，丰衣足食，无忧无虑，自然吉祥如意。因此，每一个家庭成员都要尽职尽责。

“九五，王假有家。勿恤，吉。”天下一家，君王借助家庭模式推而广之，治理社稷，以家庭为基础，民富则国强，民稳则国宁，家庭稳定富足美满，天下就太平了。否则，民穷国弱，天下纷乱难安。君王为天下人康宁幸福付出乃是本分，无须体恤，吉祥自在其间。

上九，“有孚威如，终吉。”家人之道是为天道，是自然而然的，是有规律的，有如诚信一般重要。诚信即威信，不可轻慢，不可侵犯，否则必会遭到惩罚。坚守家人之道自然会获得幸福人生，自始至终都会有吉运。

反省自己的家庭生活，观察世间诸般鲜活故事，更加坚信先祖圣贤的教诲，更加坚定坚守家人之道的信念。家道即世道，家治方国治，家国一体，天地和合。

注释：

家人：夫妻成家，父母儿女及其他至亲血缘关系的人，共同生活，休戚相关。

利女贞：有利于女主人践行正派、贤淑、勤勉、善良、聪慧之品格。

闲有家：只有在自己的家中才会真正获得一份闲适、宁静。

悔亡：没有悔意，悔吝消失或若悔则有灾祸。

无攸遂：没有长远利益及结果。

在中馈：中正、尽责、奉献。

贞吉：坚贞守正，吉利吉祥。

　　xiào xiào
家人嗃嗃：一家人纷争吵闹不断。

妇子嘻嘻：与妻儿之间嘻嘻哈哈毫无威严。

终吝：终究会有悔吝烦忧。

富家：拥有财富的家庭。

大吉：富贵之家，大吉大利。

王假有家：假，凭借之意，君王以天下为家，借鉴家道治国。

勿恤：天下人皆是君王的家人，为天下人奉献是其本分，不需体恤、怜惜。

有孚威如：家人之道乃为天道，有规律，有威严，诚信即威信。

终吉：践行家人之道，结果必定会吉祥如意。

• 第三十八卦　睽卦:（火泽睽）䷥

卦辞：睽，小事吉。

爻辞：

初九，悔亡。丧马勿逐，自复。见恶人，无咎。

九二，遇主于巷，无咎。

六三，见舆曳，其牛掣，其人天且劓，无初有终。

九四，睽孤，遇元夫，交孚。厉无咎。

六五，悔亡，厥宗噬肤。往何咎。

上九，睽孤，见豕负涂，载鬼一车。先张之弧，后说之弧，匪寇婚媾，往遇雨，则吉。

睽象：火气上炎，泽水下流，因异而睽，因睽而变。

卦辞解析：

火上炎，水下流，背逆不合，阴阳失调，男女生隙，家庭失去和睦。

睽，别异、疑忌、相悖之意，对应一个人的性情和行为孤僻、狭隘、猜疑，与人交往不懂得求同存异，苛求整齐划一，看谁都不对眼，瞅啥都不顺心，整日里嘀嘀咕咕，忧心忡忡。实则，人各有异，方方面面皆参差不齐，个性意识有差别，学识眼界有高低，品位爱好习惯各不相同，大千世界芸芸众生，千奇百怪，不相同中必有同，相同之中必有异，世界正是因这诸多因素而成就。

睽多表现于小事上人心之疑惑，仿佛人性中无法摆脱的阴影，世人无不为之苦恼、惶惑而备受折磨，有道是“君子坦荡荡，小人长戚戚”，欲成就不凡人生，必须勇于克服睽乖，战胜自我。

睽亦是在小名小利上斤斤计较，与人纷争，可以获得某些利益，所以称为“吉”，而反衬大事则为凶兆。

世界上的事物都是亦同亦异，矛盾对立而又统一，阴阳相斥而又相吸，天地各异而随和，男女有别而相辅相成，因不同、分歧而成就进化，此乃自然之道。

君子和而不同，求同存异；小人同而不和，各怀鬼胎。睽是差别、失常、排斥、不睦，在涉世处事中，如何对待处理好这种问题？君子需深谋远虑，善加修养，不可因小失大，更需谨防恶俗小人纠缠。

睽乖乃小人之性情，疑小不疑大，为蝇头小利甚至陈芝麻烂谷子的琐事明争暗斗，争得你高我低，因此是“小事吉。”

堕入小人道必睽，心胸狭小闭塞，目光浅显短视，身处低谷，周边太多世俗之辈，只懂得小名小利之得失，崇物拜金，锱铢必较。

因睽而愚，因睽而孤，这种人整天疑虑重重，对事物无法做出正确判断和处置，并且自命不凡，孤傲怪僻，因此成为孤家寡人。

睽，并非小人们的专属，亦是“大人”们的劣根。人性之蛊是天生的，是相对优秀美好的那部分，唯君子贤达懂得自省，不断修身养性。

睽，小人之能，君子之痛。一个人越世俗，世俗的痛苦就越多！

睽卦要点亦指人心多疑，疑而无事生非，徒生诸多烦恼。

许多人间是非、社会矛盾皆由此产生，给人自身造成不少麻烦，平添无数痛苦和伤害。努力克服这种劣根性，当是君子常思常虑的事情，更当身体力行，以诚示人，以诚感人，以诚化天下，令人间正道畅行。

爻辞解析：

“初九，悔亡。丧马勿逐，自复。见恶人，无咎。”在无关命运大局的一些事情上，不需要太过懊悔，要心胸豁达，诸如马匹丢失了，不用太在意寻找追逐，老马识途，会自行归来，或者马死了，损失了财富，会失而复得，有道是“塞翁失马焉知非福”？得失之间充满玄机。生活中遇见恶人也是很正常的现象，只要不与其纠缠，便没有什么过失和麻烦。

“九二，遇主于巷，无咎。”在小巷子里与主人不期而遇，或在某些事情上与主人发生了矛盾，只要坚守正道，不失德失礼，便不会有什么损害和祸患。

“六三，见舆曳，其牛掣，其人天且劓。无初有终。”看见一辆牛车在行进中被阻陷，牛拼命拉车也拉不动，以至犟脾气上来不听使唤，赶车人头上刺字并且劓鼻，是个重刑犯人，可见初始境况十分不利。但在当时能够驾牛车出行的人也很不一般，这说明走过弯路甚至失败过的人，只要接受了教训，改过自新，最终结局还是好的。

“九四，睽孤，遇元夫，交孚。厉无咎。”某人因睽而清高孤傲，我行我素，牛气十足。此人幸遇一位名望甚高的大人物，欲推心置腹与其真诚相交，这种一厢情愿是有风险的，但没有什么过错。

“六五，悔亡，厥宗噬肤。往何咎。”反省以往的过失，深感因睽伤害了不少家人及身边的亲属，倍觉切肤之痛。努力清除以往孤傲的心境，放下架子前往修复关系，不会有任何不妥当之处，反而是很喜乐的事情。这说明因睽而自视太高，失掉平常心会成为孤家寡人。

“上九，睽孤，见豕负涂，载鬼一车。先张之弧，后说之弧，匪寇婚媾，往遇雨，则吉。”某人因睽而神经兮兮，疑神疑鬼，精神高度紧张，出门看见几头猪在水塘中打滚，身上涂满了泥巴，误视车厢里载着一群鬼。看见迎面而来的迎亲队伍，误认为遇上了匪寇，张弓搭箭欲射杀，随即又恍惚感觉不对而放下了弓箭。前行中忽遭一场大雨，被浇得清醒了些，因此而获吉祥。

由此可见，睽是一种非正常的精神状态。

注释：

睽：睽乖、睽孤，猜忌、多疑、误解、悖逆。

小事吉：睽之品质系小人属性，心胸气量狭小，专注于小名小利小得小失，所以只能取吉于渺小之处。

丧马勿逐，自复：马跑了不用去追赶，会自己回来，或马死了损失了财富会失而复得。

见恶人，无咎：遇见恶人远远避开，不与其纠缠便没有过失麻烦。

遇主于巷，无咎：在街巷里迎面遇见了主人，恭谨热诚，莫失礼失德，不会有什么过失。

见舆曳：看见一辆车被阻陷，行进困难。

其牛掣：拉车的牛站着不动。

其人天且劓：驾车的人是位被刺字劓鼻的奴隶。

无初有终：初状悲惨，后果结局尚可。

睽孤：因睽之品质而致孤独。

遇元夫：遇见有声望有地位的大人物。

交孚：与人交往以诚相待。

厉无咎：有危险却没有过错。

悔亡：反省以往的过失，纠正过去的错误。

厥宗噬肤：其宗亲以肉食宴请。

往何咎：前往没有什么不妥之处。

见豕负涂：看见猪在泥水中打滚，涂了一身泥巴。

载鬼一车：恍惚看见车上一群鬼影。

先张之弧：先将弓箭拉开。

后说之弧：随后放下弓箭。说即脱。

匪寇婚媾：并非是强盗贼寇，而是迎亲队伍。

往遇雨：前行途中遇到下雨。

• 第三十九卦　蹇卦:（水山蹇）䷦

卦辞：蹇，利西南，不利东北，利见大人，贞吉。

爻辞：

初六，往蹇，来誉。

六二，王臣蹇蹇，匪躬之故。

九三，往蹇来反。

六四，往蹇来连。

九五，大蹇朋来。

上六，往蹇来硕，吉。利见大人。

蹇象：山洪暴发，必有险情，君子蒙难，省身修德。

卦辞解析：

睽乖、睽孤性情必然会导致困境，蹇难势所难免。蹇如跛行，以此形容行走困难、时运背逆、山重水复、险象环生。人生途中充满艰难困苦，可谓处处坎坷不平。

蹇之时，需确定自己有利的方位，找到合适的位置，持中守恒方能保身避祸。此时，若能得遇大人物及贵人相助，则有利于克难克险。

君子背时蒙难，身处低谷，唯有守正行善，省身修德，韬光养晦，蓄德积能，隐忍不显，宁静致远，方能脱险避难，最终可获吉利吉祥。人生一世，必有七灾八难，无论什么大富大贵之人，都在所难免，天道使然。危难之中，英雄懦夫清浊自分，必然走出各自完全不同的人生局面。英雄豪杰必勇往直前，逢山开路，遇河架桥，临高攀登，拼杀出一条血路；或审时度势，智谋权衡，隐身而退，静处苦修，以待时机。但大丈夫不可夺志，君子品格不能失，要固守气节，遵从天意，等待天缘人助而重获生机，平安度过苦难期，开创新格局，迎来新一轮吉运。

患难见真情。人在危难中，假情假意者必远离遁形，销声匿迹，只有真情真爱者才能相聚相守，这是蹇时的另一方面利好。

经验出自教训，成功源自失败，“沧海横流，方显出英雄本色”，“梅花香自苦寒来”，宝剑锋自磨砺出，好汉成长于苦难，天将造就不凡人物，必致其死地而后生。

司马迁《报任安书》中载:“盖文王拘而演《周易》;仲尼厄而作《春秋》;屈原放逐,乃赋《离骚》;左丘失明,厥有《国语》;孙子膑脚,《兵法》修列;不韦迁蜀,世传《吕览》;韩非囚秦,《说难》《孤愤》;《诗》三百篇,大底圣贤发愤之所为作也。”

十年寒窗苦,百年幸福根。蹇之时,君子当潜心凝志,苦学苦修,习“井德”蓄水蓄德蓄才,待到吉运来时,奉献甘泉,滋养万民,服务家国天下,实现高品质、高价值的人生。

爻辞解析:

“初六,往蹇,来誉。”面对困境,无所畏惧,不屈不挠,勇往直前。其非凡的意志和勇气,会获得荣誉以及公众的赞美。

“六二,王臣蹇蹇,匪躬之故。”忠臣良将身处困境,险难重重,并非其本人之故,而是整个朝政出了问题,乃所处否时之大势所趋,或因君王昏庸暴虐所致。

“九三,往蹇来反。”向前进有困难,迎着困难上自然会充满艰阻。然而,往回退亦不容易,因此处于进退两难的境地。转变一下思路,选择其他方向,或许会产生反转的效果。

“六四,往蹇来连。”困难重重,克难排险非一时一事,而且千难万险非是一己之力所能承担,需要借助外力,同人聚首，相应相助，由此获得喘息，站稳脚跟。

“九五，大蹇朋来。”艰难苦斗之时，必有朋友、同道前来相助。身处绝境，生死关头，舍命相救之人不是大仁大义者，就是最亲最爱的人。

“上六，往蹇来硕，吉。利见大人。”君子志士在艰难困苦的境遇中磨炼了意志，开阔了视野胸怀，从而收获了丰硕成果。成功人物的必由之路：历难涉险，艰苦卓绝，独立不惧，勇往直前，突破困境，使自己不断得到提升，从而获得了大人物赏识、青睐，迎来新一轮顺势吉运。

注释：

蹇：跛足、跛行，坎坷不平，困难险阻，命运乖蹇。

利西南：西南方位有诸多有利因素。

不利东北：诸多因素决定东北方位对自己不利。

往蹇来誉：迎难而上的精神受到赞誉。

王臣蹇蹇：君王之臣子陷入重重困境。

匪躬之故：并非其本人的缘故。匪同非。

往蹇来反：前进不得后退不能，进退两难。

往蹇来连：连续不断的危难接踵而至。

大蹇朋来：大灾大难之时，前来相助的必是真心朋友。

往蹇来硕：严冬过尽绽春蕾，艰难困苦结出丰硕果实。

• 第四十卦　解卦:(雷水解) ䷧

卦辞: 解，利西南，无所往。其来复吉。有攸往，夙吉。

爻辞:

初六，无咎。

九二，田获三狐。得黄矢，贞吉。

六三，负且乘，致寇至。贞吝。

九四，解而拇，朋至斯孚。

六五，君子维有解，吉。有孚于小人。

上六，公用射隼于高墉之上，获之，无不利。

解象：雷雨交加，风云激荡，动则生机，动则有解。

卦辞解析:

解脱、解救、解放，解析、解释、化解，解决问题，破解疑惑，驱散迷雾，解除束缚，摆脱困境，创造新机遇，开拓新局面，创建新天地，迎接新一轮社会变革的宏伟高潮来临。

天时至雷雨必作，万物复苏，此乃阴消阳长时运转换之天道。时机到了，贤达俊才辈出，践行天命，秉承民意，解决社会困局，救民于水火之中。

时运转换，逆流当潮，“山重水复疑无路，柳暗花明又一村”，天时至，一切迎刃而解。春发时节，百虫花草萌生，解之时，社会人事由闭塞禁锢转向分化、分解、开放，君子当应运而起，乘势而上，见机行事，打破旧势力，开创新格局。

占天时还需占地利，解之方位在西南，志同道合的人需相会聚首，共襄大业，若去不成，返回来也是吉祥的，或可理解为“不去也可”，令其过来也是有利的，有发展的，仍然可以达成夙愿，实现彼此的梦想和抱负。

解是个巨大转折，是否极泰来之时运，蹇卦（䷦）倒过来就是解卦（䷧），恰是事物的正反两面：阴阳、兴衰、利害。解的意义十分重大，引申广泛，既是物质的，又是精神的。不墨守成规，敢想敢干，开拓创新，敢为天下先，都需要思想解放。

方向问题、方法问题至关重要，方向错了逆反，方法错了事倍功半。

刚柔相济，是天下至高至上的方略，中道兼顾两端，不偏不倚。

君子解难，至真至诚，以不变应万变，固本守元，正善不移，神鬼不害。历来正人君子、英雄俊杰无不以阳谋胜出，倘若堕入阴险，必天怒人怨，果报不堪设想。

爻辞解析：

“初六，无咎。”事物发展初始的情景，若一泓池水，风平浪静，无忧无患。解的出发点是好的，是对头的，方向是正确无误的，没有任何损害和忧患。

“九二，田获三狐。得黄矢，贞吉。”在田野里拾到三只狐狸，并得到三枚铜制箭头，这时需秉持操守，坚守正道，方能吉利吉祥。或可解为：在田野里猎获三只狐狸，得益于箭头是铜制的。这充分说明技术和工具先进的重要性，欲达解之目的，需有利器，“工欲善其事必先利其器”，方式、方法很重要，对于坚持正义的事业，是吉兆吉运。

“六三，负且乘，致寇至。贞吝。”背着猎物、乘着车子招摇过市，以至引来了强盗的纠缠。

古代奴隶制身份区别十分严格，只有身份低贱才会背东西，而乘车之人多半是贵族。“负且乘”之行迹，与其人身份极不协调。

喻义为人处事当恪守本分，低调隐忍，避免太过张扬失常，否则会招来意料不到的麻烦。

“九四，解而拇，朋至斯孚。”果然因“负且乘”怪异失常之行为招引来事端，有强盗挡住去路，索要猎物，双方发生了冲突，互相争执僵持不下，朋友闻讯赶来调解，但双方各执一词，甚至强词夺理，谈判东拉西扯不着边际，无法解决实质问题。

“六五，君子维有解，吉。有孚于小人。”君子坚守正道，维护原则坚定不移，并以真诚之心打动小人，乃至施以某种郑重的承诺，自然是吉人天相，终于使紧张局面得到缓解。然而，最终仍然未能达成愿望。

“上六，公用射隼于高墉之上，获之，无不利。”双方争执难分难解之际，官府巡察前来主持公道，但双方仍各执一词，互不相让，事件一度陷入困境。恰值此时，一只鹰隼落于一堵高墙之上，官差当机立断，令双方一起搭弓射箭，谁能将其射下来，猎物便归谁所有。

如此裁决公平公正，没有任何不利之处。

注释：

田获三狐：在田野里猎获或拾得三只狐狸。

得黄矢：得益于或得到铜制箭头。

负且乘：背负猎物乘车往行。

致寇至：招引来强人贼寇。

贞吝：正义正道受阻不顺。

解而拇：只能在细枝末节上和解，无法解决实质问题。

朋至斯孚：朋友前来帮助讲道理。

君子维有解：君子秉持正义原则坚定不移，解之必然。

有孚于小人：对小人施以真诚和诚信。

公用射隼于高墉之上：公差以能否射下高墙上的鹰隼，作为公正评判的依据。

获之：从而获得了解决问题的方法。

无不利：没有任何不利因素。

• 第四十一卦　损卦:（山泽损） ䷨

卦辞：损，有孚，元吉。无咎，可贞，利有攸往。曷之用？二簋可用享。

爻辞：

初九，巳事遄往，无咎。酌损之。

九二，利贞，征凶。弗损益之。

六三，三人行则损一人，一人行则得其友。

六四，损其疾，使遄有喜，无咎。

六五，或益之十朋之龟，弗克违。元吉。

上九，弗损益之，无咎。贞吉。利有攸往，得臣无家。

损象：山高水低，山明水秀，因损而益，相得益彰。

卦辞解析：

损是有规律有诚信的，必将如期而至，犹如自然现象，阴消阳长，无损不益，无益不损，时空转换，天地交变，是不以人们的意志为转移的，人们只能顺应权变，把握主动，在损益之间权衡，欲求必失，欲得必舍，两者之间只能取其利避其害，择其重遗其轻。然而，这也只限于人为的成分。

卦辞从字面上看不出特别之处，无非是说损是有规律的，类似诚信的东西，本质是吉利吉祥的，没有不利因素，是有利于坚守正道的，而且是有长远发展和影响力的，其作用相当于奉献。尽人事还需得天助，祭祀贵在心意虔诚，不用贵重的祭器祭品，便可得享其福荫，感受到祈求与给予的慰藉和快乐。

损卦的奥妙之处在于告诉人们，以损的方式获得益，正所谓有损必有益。有时候，损是现实的，益是虚在的，损是真真实实看得见摸得着的，而所获之益却往往是虚无缥缈的，一时难以把握的东西。因此，损与益看似简单，但实质上深邃无比，奥妙无穷。世俗人一眼就能看明白的东西，都是表面上的利与害、得与失、好与坏、善与恶等等，但深层次的内在的以及互相转换的因素，却很难掌握，只有贤达俊才方能洞察玄机。

古今通晓这个玄机的人，都能获得成功。在损与益难以权衡的时候，顺其自然，任其演变，当是最好的心态。

损益无处不在，损益相生相克，盈虚刚柔转换，乃自然演化之道。月缺月圆，日升日落，昼夜往复，无损则无益，此为天机，亦是人生之善谋。

君子损己利人，君子克己守道，视己恶为敌，每日三省吾身，至真至善，无私而成其私。

损与益，眼前的相对容易看清楚些，但长远的历史性的极其难以分辨，有时受时机制约，有时受时代局限，甚至明明将一时的损与益与长远的损与益看得通透了然，仍无法做出正确的抉择。

人生中最常见并难以应对的便是损与益互相矛盾互相生克的关系。譬如：因贪而失本，因欲而丧身，因乐而生悲，因爱而有恨，因恩而成仇，因强而变弱，因柔而至刚，更有“恶帮”“恩害”无处不在的人之常情，令生命、生活充满了无限奥秘。

老子云："天之道，其犹张弓欤！高者抑之，下者举之，有余者损之，不足者与之。"

圣人之言是把握处置损益关系最根本最智慧的答案。

爻辞解析：

"初九，巳事遄往，无咎。酌损之。""巳事遄往"，"巳"，虞翻本作"祀"。参加祭祀活动，需遵循礼仪，端正仪表，需速速前往，别误了时辰，便不会有过失。同时，可视自己的情况奉献祭品，损失一点自己的财物或利益是十分必要的。

"九二，利贞，征凶。弗损益之。"祭祀需具诚敬之情，坚守正道才有利，不要心存妄念，不要盲目求取，不要想不失去便能获得，不要为了减少损失而妨碍有益之事。否则必为凶兆。

"六三，三人行则损一人，一人行则得其友。"三人性情各异，其志难合。三人行通常是二人并肩，一人在旁或在后落单，而一人行则有机会路遇，或得其友结伴而行。隐喻人心之蛊惑、人性之卑劣，徒自耗损，无可奈何。

"六四，损其疾，使遄有喜，无咎。"认真克服自己的缺点毛病，努力改变狭隘、孤僻、猜疑、胆怯之劣根性情，尽量减少犯错误，令自我勇往直前，这样才会有希望，有喜庆。

若此，便不会有过失、忧患和麻烦。

“六五，或益之十朋之龟，弗克违。元吉。”喜庆之事或许是有获价值“十朋之龟”丰厚财富的机会，此机遇难得，不可错失，这在本质上是天命所赐，是大吉大利之兆。

“上九，弗损益之，无咎。贞吉。利有攸往，得臣无家。”没有损失便是获益，没有失误也没有烦恼，坚贞守正有发展有前途有希望。自己没有什么损失便能施益于人，此乃天道天德。“得臣无家”，胸怀天下的人，全天下都是自己的家，无私无己。损益难以分辨，世人太过算计，实在可悲可叹。岂知损益之玄妙，天机难测，人智权衡亦止浅表，谋事在人，成事在天，尽人事听天命，乃大智慧。

注释：

巳事遄(chuán)往：参加祭祀活动需及时。

酌损之：酌情奉献财物。

征凶：不正当的求取图谋是灾难。

弗损益之：不失而得，不劳而获，不损即益。

三人行则损一人：众意不和纷争难测乃天则。

一人行则得其友：人性使然，求同择偶结伴。

损其疾：除去痛苦，医治疾患。

使遄有喜：令其迅速前往有喜庆之事。

十朋：古时以贝为货币，十贝为一朋。

弗克违：天命不可违，天意不可欺。

得臣无家：得天下的人以全天下人为自己的家人。

• 第四十二卦　益卦：（风雷益）䷩

卦辞：益，利有攸往，利涉大川。

爻辞：

初九，利用为大作，元吉。无咎。

六二，或益之十朋之龟，弗克违，永贞吉。王用享于帝，吉。

六三，益之用凶事。无咎。有孚中行，告公用圭。

六四，中行，告公从。利用为依，迁国。

九五，有孚惠心，勿问，元吉。有孚惠我德。

上九，莫益之，或击之。立心勿恒，凶。

益象：风雷动，大道行，上益下，普天庆。

卦辞解析：

风雷动必大益生，大道行乃天生万物的手段，革新、变革乃圣贤施益万民的善道。秉承天地之德，施益万方，恩泽天下，乃英雄俊杰的宏愿与抱负。

益乃利好、益处、收获、金钱、财富之代称，事关国计民生、人生命运之大计，系人之所欲之大焉！人因益而获得富贵幸福，国因益而变得强盛美好。

益与利相关联，“利有攸往”，是说其有很大的发展前途和影响力；“利涉大川”则是指有利于克服大困难，突破大险阻，解决事关前途命运的大问题。

利益是达成人生诸多愿望最直观的结果与目的，是最浅显的东西，人人都看得明白，因此几乎无人不逐利求益。这也是人生命之本元所在，是生存的需要、发展的需要，无可厚非。但如何对待益，却是大学问。小人为一己之私欲争夺利益，全不顾及其他，无情无义，甚至因一味贪婪而不择手段；而君子取利除了实现自我需求，还要养家助亲惠友。君子克己奉公，损己益人，成人达己，圣贤则为了养万民平天下。

金钱、财富是利益的具体体现，它是一种能量，是一个百变金刚，可以帮助拥有者满足各种欲望，因此各色人群顶礼膜拜，几近疯狂，甘愿做钱奴，终生任其驱使摆布，甚至不惜牺牲生命和健康，最终毁坏了宝贵的人生。益中有害，益中有损，恰似阴中有阳，阳中有阴，知天道并大彻大悟的人，才能超然于上，不为名利得失所左右，任何时候都遵循中道，亦实亦虚，独立不惧，不随波逐流，涉俗而不就俗，把握自我别样人生，做一个名副其实自由、自在者。

明朝末代皇帝崇祯，因不舍区区百万两白银，致使吴三桂大军不能回守京师而亡国（起义军攻入皇宫掠走三千七百万两）；汉朝开国之君刘邦因视金钱珍宝如粪土，令天下豪杰为之用命，最终打败了以骁勇、吝啬著称的霸王，夺取了天下。

舍利取义者强，舍利取义者胜。

爻辞解析：

“初九，利用为大作，元吉。无咎。”得益获利而富有，有钱有势则有力，可以做大事有所作为，其本质吉利吉祥，没有过失、麻烦和忧患。

“六二，或益之十朋之龟，弗克违，永贞吉。王用享于帝，吉。”尽力增益相当于“十朋之龟”的丰厚财富，不可违背这个意愿，永远保持坚贞守正的品格，才能获得吉运。将这样大的财富奉献帝王，用于富国强兵，兴邦养民平天下，以惠民报国之功德祭祀上天，大吉大利。

“六三，益之用凶事。无咎。有孚中行，告公用圭。”收益亦可用于克服各种困难，诸如战乱、饥荒等凶事，保持忠诚，取中正之道，不偏不倚，则无过失、麻烦及忧患。得到名贵玉制祭器要作为贡品回馈上方，并据实报告相关事宜。

“六四，中行，告公从。利用为依，迁国。”将保持中正之道的方针政策公告天下，使各方遵从，并获得上方的认同和恩准，从而实现了惠民之心，达成了将侯国都迁往更适合发展的地方以图谋更大发展的愿望。

“九五，有孚惠心，勿问，元吉。有孚惠我德。”诚信使我的精神得到惠及，灵魂若沐春风。毫无疑问，这是天命注定的吉利吉祥。有诚信是因为我心怀仁德，我因为坚守诚信而获得了利益。由此可见，德的作用和力量是多么巨大而神奇！

“上九，莫益之，或击之。立心勿恒，凶。”求益的心思不可恒定，不可盛强，若把利益看得太重，表现得太过分，非但得不到支持和扶助，还可能招来攻击和伤害，甚至引起灾祸。然而，更不能心思不定，三心二意，反复无常，行为不长久会有祸患和灾难。

稍加留意便会发现，历史与现实生活中，因利欲熏心，图谋利益过于执着而适得其反，受到伤害乃至酿成灭顶之灾的事例不计其数。

注释：

益：收益、利益、金钱、财富、增益、增收。

利有攸往：有发展前途，有长远影响力。

利涉大川：可以克服重大困难险阻，解决事关大局的问题。

利用为大作：利益可以令人有大作为，成就大意愿。

元吉：至大原始，天性本质大吉大利。

弗克违：不可违反悖逆其意愿。

永贞吉：永久坚持正义则吉祥如意。

王用享于帝：诸侯王向上天或宗主国帝王进贡、献祭。

益之用凶事：利益财富是防御祸患、克服灾难最基础的条件及有效手段。

有孚中行：坚守诚信，保持中道。

告公用圭：据实向上方报告，用玉器制品贡献。

中行：确定中立的立场，践行中行之道，把握平衡。

告公从：将自己的主张、意图公告天下，以便令各方遵从。

利用为依，迁国：以此为依据达到将国都迁移的目的，避免产生误会。

有孚惠心：讲诚信首先惠及自己的精神。

勿问：毫无疑问，用不着多想。

有孚惠我德：诚信使我的德行更加高尚。

莫益之：获益的愿望没有达成。

或击之：或者适得其反受到损害。

立心勿恒：谋利图益之心志亦当适中，不可求恒，万事过则反。

• 第四十三卦　夬卦:(泽天夬) ䷪

卦辞：夬，扬于王庭，孚号有厉。告自邑，不利即戎。利有攸往。

爻辞：

初九，壮于前趾，往不胜，为咎。

九二，惕号，莫夜有戎。勿恤。

九三，壮于頄，有凶。君子夬夬，独行遇雨，若濡有愠。无咎。

九四，臀无肤，其行次且。牵羊悔亡，闻言不信。

九五，苋陆夬夬，中行。无咎。

上六，无号终，有凶。

夬象：小人贪腐，上天攫泽，夬而除之，以正朝纲。

卦辞解析：

夬，即决：决心、决定、决策、决断。决意义重大，决事无处不在，小事关乎荣辱得失，大事关乎生死成败，可谓人生命运中最难面对的问题。有道是“一步错，百步歪”，“稍有不慎，满盘皆输”，“一失足成千古恨”，“天堂地狱，一步之遥”，种种慨叹皆源于一念之间的决字。

卦象显现，五阳在下，一阴在上，乃为小人位于上位。奸佞小人当道，必妖言蛊惑，祸乱朝纲，必为一己之私、一己之贪煞费心机，行祸国殃民之能事。这等事关国家安危、社稷民生的问题，当断不断，反受其乱！例如历史上一些窃居高位的奸臣，欺君罔上，结党营私，藏污纳垢，为疯狂篡权敛财，不惜内外勾结，黑白合流，造成国家混乱。英雄贤达欲清君侧，必须果敢、果断，将其罪恶行径公开昭示于朝堂之上，揭露真相，以正朝纲，使国法政令有诚信有威力。但这种作为是有危险的，当权贪腐小人阴险狡诈，必伺机反扑，君子当有万全之策，事前做好一切防范，时刻警惕发生事变。为维护法律的尊严和权威，必须责令那些贪婪的诸侯、地方官员自报财产家私，如不遵行或消极对抗，就对其实行拘押甚至发兵征讨。这是个有重大意义、影响深远的决策。

决之义充满玄机。因此决当权衡，决当审慎，决当坚守正道，决当深谋远虑。只有充满智慧和正气的决事，才能决胜畅行。

决策能力是一个人综合素质的反映和体现，是领导者至关重要的素养，反映其天赋、胆识、胸襟、洞察力、灵感等等，一个人的自我决策能力，关乎一生的命运。

决事明暗不仅仅在智慧，还在于气概。正人君子、英雄俊杰必定豪气凛然，气度非凡，好男儿既然确定了自己的奋斗目标，既然对自己的命运做出了决定，便矢志不移，无论遇到什么困难，都必定会气定神闲，前行无悔。

爻辞解析：

“初九，壮于前趾，往不胜，为咎。”初时虽强尚弱，仅仅强壮在脚趾上，而非足强身强。形容准备不足，力量不够强大，前行进取难以达到目的。不意识到这一点是错误的，将会带来麻烦和忧患。

“九二，惕号，莫夜有戎。勿恤。”发布提高警惕的号令，告诫自己的人危险随时会来。敌人面临灭亡，会更加疯狂，必须做好充分准备，防止偷袭暗算，尤其是夜间要时刻高度警觉。这样即使多受些苦和累，也不用怜惜与体恤，所作所为都是值得的。

九三，“壮于頄，有凶。君子夬夬，独行遇雨，若濡有愠，无咎。”仅限于嘴巴上的功夫，是有危害的，要真行动起来才成。君子既然决定了自己的奋斗目标，就绝不会失悔，无论遇到多大艰难也会坚持到底，哪怕独自一人前行。征途中被大雨浇了，权当沐浴，衣服被体热温熏，虽感潮湿却毫不在意，没有妨碍。

“九四，臀无肤，其行次且。牵羊悔亡，闻言不信。”前进的道路困难重重，以至臀部的皮肤都损毁了，行进更加艰难，步履蹒跚。牵着一只羊也死掉了，后悔当初没有听从别人的劝告。意在警示君子，欲求大目标，图谋大业，必须摈弃杂念，舍弃小利，义无反顾地奋力前行。

“九五，苋陆夬夬，中行。无咎。”一路披荆斩棘，冲破重重阻碍，克服种种险难，意志更加坚定不移，象征君子以勇猛、果敢、睿智的手段，将黑恶势力斩草除根，一网打尽。但是，也要防止太过偏激，需把握好节度，正确运用策略，任何事都坚守中道，才能避免过失错误。

“上六，无号终，有凶。”决时，必须有明确的目标和旗号。名正则言顺，没有令人信服的宗旨、纲领、旗号，其结局必然是凶险可怕的。以正大光明的旗帜号令天下，揭露奸佞小人及其罪恶，收揽民心，凝聚民意，至关事业成败利害，决不可掉以轻心。

注释：

夬（guài）：与决同义。决定、决断、决策、解决、表决等。

扬于王庭：公开于朝堂之上，揭露于光天化日之下。

孚号有厉：以诚信之名发出警示，按规律会有危险。

告自邑：自报家私或告诫自己的属地。

不利即戎：如有不测，立刻发兵动武。

壮于前趾：初始之强仅限于脚趾。

往不胜：前往进取难以获胜。

为咎：是错误的、会有麻烦和忧患。

惕号：发布提高警惕的命令。

莫夜有戎：防止夜间被敌人偷袭。

勿恤：不怕辛苦，不用体恤。

壮于頄（qiú）：颧骨嘴巴部位强壮，喻义不可只强在口头上。

有凶：有凶兆、凶事。

君子夬夬：君子之德乃坚忍不拔，矢志不移。

独行遇雨：特立独行，不惧风雨。

若濡有愠：用体温熏干潮湿的衣服，表达不怕吃苦的乐观精神。

臀无肤：臀部的皮肤受了损伤。

其行次且：行走艰难，步履蹒跚。

牵羊悔亡：牵着的一只羊死了，喻义求大义不可存小私。

闻言不信：没有听从别人的劝告。

苋陆夬夬：路途充满荆棘、坎坷，但决心和意志却更加坚定。

中行：采取中道，防止偏激，把握平衡。

无号终：自始至终没有明确目标。

有凶：有危险、危害、灾难。

• 第四十四卦　姤卦：（天风姤）䷫

卦辞：姤，女壮，勿用取女。

爻辞：

初六，系于金柅，贞吉，有攸往。见凶，羸豕孚蹢躅。

九二，包有鱼，无咎。不利宾。

九三，臀无肤，其行次且，厉。无大咎。

九四，包无鱼，起凶。

九五，以杞包瓜，含章。有陨自天。

上九，姤其角，吝。无咎。

姤象：天下风流，男女相遇，天机人事，皆行其道。

卦辞解析：

姤为机缘、契机、相遇之意。机缘契合而邂逅，天意造作，偶遇新人，萍水相逢，相识相交，天缘、地缘、世缘、人缘，世间万物无缘不相逢，无缘不相聚。

姤遇既是机会又是风险。纵观古今，哪一个人的重大生命转折不是因为遇上某个人？福祸、苦乐、荣辱、成败，无不出自与人相交。

阳刚君子为实现宏伟抱负，毅然决然离家出走。正确决策获得新的重大机会，偶遇一位强势女子，与之相识相交相处。所谓“强势”，或武力超群，或财大气粗，或权势显赫，或名声远播。总之，并非寻常窈窕淑女。天刚地柔，男强女弱乃为天道，而女壮则必致男弱，所以只能暂时与其合作，需另寻发展机会，不可与之长久维持，更不要娶为妻妾。否则，势必为壮女所辖制，或为其所用，而影响了自己的宏伟大业。

女人太过妖媚也属“女壮”之列。“英雄气短，儿女情长”，温柔乡里多迷途，古今有多少经典故事盛行流传，更有多少英雄豪杰拜倒在石榴裙下。

姻缘缔结，夫妻配偶，当是人生中至关重要的机缘。男女伴侣相伴长久，是最贴身最亲近的伙伴，互相影响至深，其正邪善恶、智愚良莠，关乎彼此终身命运趋向。天配良缘，人间佳话说不尽，而孽缘相侵相克，致一方深陷惨境也属平常。例如，因配偶无德贪婪而腐败落马获牢狱之灾的贪官，古今屡见不鲜。

机遇是人生命运中可以意会却难以言传的东西，它可以使鲤鱼跳龙门，使草鸡变凤凰，使庶人一步登天，扶摇九重，可以令乞丐做皇帝，茶童成富豪，灰姑娘变公主，士兵当元帅，命运之神创造奇迹的妙手，总是以“机遇”做媒介。

无往而不来，往来必有所遇，动态的东西就必然有遇合，有规律的事物也要如期而遇。当然，就一个人说来，机遇也不是睡大觉等来的，天时地利还需人和，人的主观能动性是起因。机遇总是在那些准备好了一切的人身上得到体现，某种意义上说，机遇离不开人的自我创造，积极寻找，牢牢把握。

爻辞解析：

“初六，系于金柅，贞吉，有攸往。见凶，羸豕孚蹢躅。”驾车出行，安全系于刹车，用金属制造的车闸性能很好，需牢牢掌控。但仍不可掉以轻心，行进中不可慌乱，坚持走正道，才能顺顺利利前行无阻。行进中会遇见各种危险现象，例如有瘦弱的猪常在村路上缓慢地走来走去，警惕别撞到它，否则会招灾破财。

“九二，包有鱼，无咎。不利宾。”出门办事，包里装着稀罕的食物或怀里揣着珍贵礼品，是不会有过失和麻烦的，相反会带来某些便利和益处。但这“包中之鱼”不是用来招待和馈赠普通宾客的，而是用来祭祀或奉献上方的。

“九三，臀无肤，其行次且，厉。无大咎。”山重水复，行程遥远、艰险，前进过程中，不慎臀部受了损伤，行动自然愈发艰难，脚步踉跄，一副疲惫不堪的狼狈样子，这样去会客是有危害的，但不会发生太大的麻烦和灾祸，无须太过担忧。

“九四，包无鱼，起凶。”空手而来拜访高贵的主人或事主，自然一开始便不是什么好兆头。“无鱼”乃无财无礼之象，说明不通人情又缺乏经济实力，人心不随，办事自然困难，甚至适得其反，产生意想不到的损害。

“九五，以杞包瓜，含章。有陨自天。”以杞柳筐盛着新鲜的瓜果敬献主人，礼轻义重。虽然显得清贫，但心意高尚，情真意切，可谓“含章”。心诚则灵，因所求与天意和合，吉运从天而降，顺天应人自然会得天缘人助。

“上九，姤其角，吝。无咎。”人与人之间有各种各样的相遇，人生百态，无奇不有。相遇于陌路，狭路相逢，或针锋相对，顶牛打架，或路见不平，拔刀相助，从而引起诸多困扰阻碍，矛盾斗争自不必说，乃至不打不相识。这样的相遇虽然有些不顺和悔意，但没有什么过失和忧患。

注释：

姤：相遇、偶遇、机缘、契机、交往、交际。

女壮：强势的女人，超女、美女、名女人、位高势大的女人。

系于金柅（nǐ）：用金属制造的车闸，系行车安全的关键。

贞吉：坚守正义正道则为吉兆。

有攸往：有前途有希望，有长远影响。

见凶：发现危险情况，显露不祥之兆。

羸（léi）豕孚：瘦弱的猪总会出现，仿佛有规律性。

蹢躅（zhí zhú）：同踯躅。缓慢、徘徊、行踪不定。

包有鱼：包里装着鲜鱼美味或怀揣珍贵礼物。

不利宾：不是用来待客的，而是用来贡献的。

臀无肤：臀部受了损伤。

其行次且：行走困难，踉踉跄跄。

无大咎：没有太大的过失麻烦。

包无鱼：没有带敬献的礼物。

起凶：一开始就引起了不好的兆头。

以杞包瓜：以杞柳筐盛新鲜瓜果奉献。

含章：有文化有情感，体现在精神层面上。

有陨(yǔn)自天：吉兆、好运自天而降，得天助。

姤其角：相遇于矛盾及针锋相对之中。

• 第四十五卦　萃卦：（泽地萃）䷬

卦辞：萃，亨。王假有庙，利见大人，亨，利贞。用大牲，吉。利有攸往。

爻辞：

初六，有孚不终，乃乱乃萃。若号，一握为笑。勿恤，往无咎。

六二，引吉，无咎。孚乃利用禴。

六三，萃如嗟如，无攸利，往无咎。小吝。

九四，大吉，无咎。

九五，萃有位，无咎。匪孚。元永贞，悔亡。

上六，赍咨涕洟，无咎。

萃象：水聚泽丰，人聚事大，精英荟萃，大业可成。

卦辞解析：

先王以祭祀宗庙树立共同信仰的方式，将群英聚集在一起。

萃乃草木丛生竞发之意，亦有群民聚集起事生乱之象。比喻人群聚集必有竞争，高低、良莠、贤愚、善恶当分。

萃，意为精英荟萃、出类拔萃，人才集合在一起，更有杰出人物显现。正所谓人上有人，天上有天，萃聚天下英杰共谋大业，自然通达顺遂有利。

群英聚义共商大计，举大事谋大业，欲为首称王，需借助宗庙祭祀仪式，以求得上方神灵护佑之名义，坚定群英之志，更需借助有权威有影响力的大人物鼎力支持，一切作为都必须坚守正道，不可虚假妄为。祭祀时用大牲畜，以显隆重敬仰之意，以表虔诚忠贞之心，这样必定会产生有利于事业发展壮大的深远影响。

近朱者赤，近墨者黑。寻求结交贤才，当是君子人生最重要的事务，古今那些振聋发聩的故事，创造丰功伟绩名垂青史的各色人物，哪个不借助他人之力？

用心结交出类拔萃的君子，搭好成功的阶梯，事半功倍，与自我奋斗修炼的功夫同等重要。

萃卦主旨是告诉人们，欲实现远大的理想抱负，开创一番大业，必须聚集一批人才，求贤若渴般地寻求志同道合的人，这是获得支持和拥护，成为众望所归的人物，必须经历的过程和策略。

爻辞解析：

“初六，有孚不终，乃乱乃萃。若号，一握为笑。勿恤，往无咎。”腐败统治违反天道，无信无义，令规则和约定不能贯彻始终，因此而引起祸乱纷争。群聚之民必有贤能之人打出旗号，以至师出有名，如“均贫富”“清君侧”“替天行道”“铲除豪强”等等。这时候，当政者应宽大为怀，以怀柔之策克之，查明原委，严惩致乱者，以和为贵，不计前嫌，方能平息事端。这种苦心和辛劳不需体恤嘉赏，其作为和努力具有长远意义，避免潜在失误和忧患。

“六二，引吉，无咎。孚乃利用禴。”事发之初，最好的策略是寻求双方都能对话的人，从中引荐进行说和，并以至诚之意，设祭向神灵发誓，以表诚信，答应的事情说到做到，令民众信服，进而取信于天下，妥善收拾乱局。

“六三，萃如嗟如，无攸利，往无咎。小吝。”群英荟萃之时，必是贤达辈出。胸无点墨，更无远大目标，仅限于狭隘之心、投机钻营、随波逐流的人，到头来只能落得空悲叹而已，是没有发展前途的。但这种努力前行的作为并不是错误的，只是人生奋斗中小小的失意和不顺。

“九四，大吉，无咎。”纵观大局，萃事符合天道，大吉大利，是没有过错失误的。虽然出了点麻烦，群聚闹事生乱，但无碍大局，引以为戒是变害为利、折损增益之所为，坦然面对便是。

“九五，萃有位，无咎。匪孚。元永贞，悔亡。”因萃而得位是没有过失和忧患的。获得名望和地位，并非按照某种规矩，而是在根本原则上始终坚守正道，才不会发生令人悔恨的事情。

“上六，赍咨涕洟，无咎。”因群聚类比而落惨，感慨万端，以至悲伤得鼻涕眼泪皆流。自惭形秽，懊恼伤感。但这不是什么错误和损害，或许可以激励奋发向上之心，努力提升自己，千万不能被妒恨之情困扰、束缚，而自暴自弃。

注释：

萃：草木丛生、聚集、类比、竞争，精英荟萃，出类拔萃。

王假有庙：有道明君以宗庙祭祀仪式聚集人心。

用大牲，吉：祭祀时用牛羊这样的大牲畜以示隆重及虔诚之心，是吉利吉祥的。

有孚不终：政策法令不能贯彻始终。

乃乱乃萃：因动乱纷争，从群聚中现身的精英。

若号：口号、旗号、号令、纲领。

一握为笑：一笑泯恩仇，不计前嫌。

勿恤：不用怜惜、体贴、抚慰。

往无咎：前行进取没有过失忧患。

引吉：引导、引荐、居中调解乃是吉事。

孚乃利用禴（yuè）：利用夏祭仪式向神灵发誓，坚守诚信，践行承诺。

萃如嗟如：在萃聚类比竞生中落败而悲叹不已。

往无咎：前行进取没有过失忧患。

小吝：微不足道的失意和不顺。

萃有位：因出类拔萃而获得应有的名望和地位。

匪孚：并非是规则、规律或诚信。

元永贞：天命、本质决定永远坚贞固正。

赍（jī）咨涕洟：悲伤哭泣，鼻涕眼泪皆流。

无咎：没有过失、麻烦和忧患。

• 第四十六卦　升卦:（地风升）䷭

卦辞: 升，元亨，用见大人。勿恤，南征吉。

爻辞:

初六，允升，大吉。

九二，孚乃利用禴，无咎。

九三，升虚邑。

六四，王用享于岐山，吉。无咎。

六五，贞吉，升阶。

上六，冥升，利于不息之贞。

升象：地气生风，幼芽发萌，渐升渐长，高大志行。

卦辞解析:

升，如东方日出，冉冉升起，渐升渐高，遥挂中天，光芒四射，普照大地，辉映天下；再如攀高升阶，成长壮大。体现出天命原本的亨通运气，因而可以结交大人物，得其赏识和扶持。不必怜惜，不必忧虑，平心静气，耐心等待时机来临。

机会终于来了，南方发生了叛乱，国家急需用人，决定派其带兵前往征讨，建立功勋。这是一次难得的更进一步提升自己的良机，是吉利吉祥的。

天高九重，升高可近天，登高可望远。太阳欲光耀世界，需慢慢升高，以至中天，方能广施普照。人欲成就大业，亦需不断提升自己，让自己由一个无名之辈逐渐成长为可以与大人物为伍共事的人物，这样的努力付出和奋斗，是必须做出的牺牲。

升，幼芽破土，扎根伸颈，枝繁叶茂，慢慢长成参天大树，成为栋梁之材。

升，好似志向远大的君子，默默无闻，不急不躁，坚忍不拔，按规矩一个台阶一个台阶上，渐行渐近，慢慢涵养机遇时运，及至厚积薄发，这是符合自然天道之升。

然而，升不可无止境，独占鳌头，大志得偿，则当适可而止，不能虚妄冥升。

爻辞解析：

“初六，允升，大吉。”公允信实则服众。按常规渠道的不断升迁，是大吉大利的，可喜可贺，上合君心，下合民意，令公众诚敬信服，不留任何不利因素和隐患，是长久生发之大计。如此，自然是大喜大庆，大吉大利。

“九二，孚乃利用禴，无咎。”为表达坚贞、虔敬、诚信之心，在夏季举行祭祀仪式，拜天地先祖神灵。祭祀看心不看迹，即使祭品微薄，也不用烦恼担忧，正所谓心诚则灵，如此必能感动上苍，获得期许的恩赐和护佑。

“九三，升虚邑。”纵观天下大势，先王审时度势，深深感悟到，欲成就兴周灭商大业，需不断提升自己所属邦国的名望声誉，使周的地位逐步提高，影响力逐渐深远，威望远播四海八方，从而为周商兴替打下坚实基础。

“六四，王用享于岐山，吉。无咎。”文王用自己不断升迁的丰硕成果，在岐山举行大规模祭祀活动，祭天地，祭神灵，祭先祖，以祈祷上方扶助庇护。这种作为是十分吉祥的，没有任何过失和忧患。

文王为提升自我，表达对上方的敬畏之心，常常在岐山祭祀，进行精神洗礼。

“六五，贞吉，升阶。”遵循天理，坚守正道，一步一个台阶地上升，按事物发展规律办事，才能吉运亨通，顺利顺遂。逐渐发掘、培养提拔人才，让那些求真务实、德才兼备的实干家，陆续升迁到重要岗位上，方为升之妙法良策。

“上六，冥升，利于不息之贞。”升需脚踏实地，升需切合实际，不可心存杂念，胡思乱想，异想天开。同时，亦需坚定信念，矢志不移，求升进取之志永存，生命不息，梦想不灭。

初升为要，中升乃吉，极升则衰，冥升亦实亦虚，幻想不可取，理想不可灭。

注释：

升：生长、升高、晋升、攀升，成长进步、提高上位。

用见大人：建立功绩，提高上位，作为与大人物结识、交往的阶梯。

勿恤：无须体贴、怜惜、抚慰。

南征吉：带兵去南方征讨叛逆有吉运。

允升：合情合理、令公众心悦诚服的升迁。

大吉：大喜大庆，大吉大利。

孚乃利用禴(yuè)：为表诚意诚信在夏季举行的祭祀活动。禴，夏祭。

升虚邑：提升自己邦国的知名度和美誉度。

王用亨于岐山：文王常于岐山举行祭祀活动敬天地先祖，以揽人心定民志。

贞吉：坚守正道，吉利吉祥。

升阶：需按规则逐阶上升。

冥升：幽暗阴虚之升，体现在幻想、创意、信念等精神思想层面上。

利于不息之贞：有利于永远坚持正义，保持理想信念不变。

• 第四十七卦　困卦:（泽水困）䷮

卦辞：困，亨。贞，大人吉，无咎。有言不信。

爻辞：

初六，臀困于株木，入于幽谷，三岁不觌。

九二，困于酒食，朱绂方来。利用享祀，征凶，无咎。

六三，困于石，据于蒺藜，入于其宫，不见其妻，凶。

九四，来徐徐，困于金车。吝，有终。

九五，劓刖，困于赤绂，乃徐有说，利用祭祀。

上六，困于葛藟，于臲卼。曰动悔。有悔，征吉。

困象：水下沉，泽干涸，生灵劫，险难中。

卦辞解析:

困在本质上是通达有利的，是英雄俊杰、君子贤达的吉事，有利于正义事业，没有什么值得忧虑和可怕的。但是，即使那些杰出非凡的大人们，在身陷困境时，也是人微言轻，没有人相信他的话。

因升而困，因困而升，事物似乎永远在这起起伏伏、相生相克中发展前进。困吉顺凶，乃一事两侧。克服困难需要刻苦修炼，积德蓄能，最终突破重重阻碍，从困境中走出来，使自我得到磨砺、洗礼，获得新生。经验教训、知识才干皆因困而来，因此说，某种意义上，困是福不是祸。

纵览古今，杰出人物无不从困中出，凡夫俗子无不在困中没。困是多种多样的，“顺”也是一种困，有道是“生于忧患，死于安乐”。先顺而后困则败，先困而后顺则胜。

一切厄运险阻都有亨通顺遂的一面，这是所有坚守正道的君子和杰出人物必须经历的境遇。某种意义上说，任何成就、成功都离不开一个困字，困难是成功的阶梯和门径，是必由之路。

困对于大人物是实现理想抱负的通途，而对于恶俗小人却是灾难或绝路。困的吉与凶，是由君子与小人完全不同的品质和人生态度决定的。君子克己利人，成人达己，“穷则独善其身，达则兼善天下”，利亲人、爱人、友人以及天下人，为了实现人生追求，坚贞守正，自强不息，乃至以命遂志，所以能够经受困境的磨炼和考验，最终克服困境，成长壮大；而小人则往往鼠目寸光，人生目的仅为一己之私，没有什么仁义道德和家国意识，为了达成自我贪欲的妄念，不择手段，毫无底线，不惜坑害他人，甚至图财害命。

卑怯恶毒的人，意志必定是薄弱的，遭遇困境时，不免怨天尤人，悲叹绝望，自暴自弃。

人生在世可谓困难重重。困于穷，困于富，困于爱，困于恨，困于悲，困于欢，困于得意，困于失意，困于花红热闹，困于寂寞无聊，困于美颜，困于丑陋，困于青壮，困于衰老。人生所困无处不在，困是大浪淘沙，是优胜劣汰。

人非天所困，乃自困，自设局，自难破，实为蒙昧所致。学易解惑，困则闻风而遁，难则迎刃而解。生命本出自然，知命不羡，自我不寂，悠然自得，苦乐相伴，一个无私无畏的人，才会有快乐。

君子智慧，气贯长虹，在不断破解各种困局中，创造美好人生。

北宋哲学家张载说：“富贵福泽，将厚吾之生也；贫贱忧戚，庸玉汝于成也。”

爻辞解析：

“初六，臀困于株木，入于幽谷，三岁不觌。”为了修炼功夫，学有所成，避世弃俗，隐身幽深的峡谷中，或学佛法，或修道义，或习文韬武略，在木头搭建的茅舍里苦修苦学，以至三年不见人间烟火。

“九二，困于酒食，朱绂方来。利用享祀，征凶，无咎。”因困而升，三年学成出世，步入官场，饭局约会应酬多，肉山酒海，成了新的困境；穿戴上君王赐予的象征身份的服饰，参加祭祀活动，以表忠心。此时应谦卑守中，莫存其他奢望，不可恃强好胜与他人争风邀宠，如此便没什么灾祸忧患。

“六三，困于石，据于蒺藜，入于其宫，不见其妻，凶。”门前一块巨大的牌坊阻隔着，周边是由蒺藜围成的屏障，这座深宅大院竟是自己的府第。但步入厅内见不到自己的妻室，原来没有家眷随从搬来，独居这么个空荡荡的大宅子，乃为不祥之兆。

“九四，来徐徐，困于金车。吝，有终。”官位不断地升迁，慢慢居然有了高贵华丽的车乘，凡是出行必乘其而往，这种境况亦是另一种困。可以想见，这种生活状态必然会带来某些麻烦，但尚不足影响人生命运大局。

“九五，劓刖，困于赤绂，乃徐有说，利用祭祀。”因长期受困于官场，终酿成塌天大祸。或结党营私，欺君罔上；或执法犯法，贪腐受贿；或姑息养奸，养虎为患，纷争内讧，遭人暗算。犯下了重罪，被判割鼻、砍足之肉刑。

这一切皆因贪恋官位所致，然而仍然执迷不悟，舍不得这身官服，百般抵赖辩解，谋求脱罪，并赌咒发誓，向神灵祈祷，希望有重新改判的机会。

“上六，困于葛藟，于臲卼。曰动悔。有悔，征吉。”最终被贬官重新回到了乡野，居处周围长满了枯草，荒凉偏僻的环境使行动受到了阻碍，有被囚禁之象，动则有悔。在这种困境中，不可堕志，需勇敢面对，深刻反省，积极进取，保持坚定的心志和不屈不挠的精神，才会有吉兆和希望。否则，会被困死在这绝境之中。

注释：

困：困难、困苦、困境、围困、束缚、险阻等。

有言不信：身处困境，人微言轻，说话没人相信。

臀困于株木：在茅舍里或木榻上打坐修行。

入于幽谷：隐身深山峡谷之中。

三岁不觌（dí）：三年不见世人。

困于酒食：应酬于宴请酒会之间。

朱绂(fú)：天子所赐象征身份的官服。

利用享祀：参加祭祀仪式以求得福报。

困于石：困于官宅门前石阶牌坊。

据于蒺藜：用荆棘组成的屏障、围墙。

入于其宫：走进庭院内室。

不见其妻：没有见到自己的妻妾。

来徐徐：行动缓慢，注重排场。

金车：高贵华丽的马车。

吝，有终：虽有些小麻烦，却无碍大局。

劓刖(yì yuè)：割鼻、砍脚之肉刑。

困于赤绂：被官服所困。

乃徐有说：期望慢慢有所缓解，另有说法或结论。

利用祭祀：寄希望于祭祀活动，向神灵祈求帮助。

困于葛藟(lěi)：被荒草枯藤缠绕。

于臲卼(niè wù)：陷入困惑、迷惘、慌乱之中。

曰动悔：不能有任何行动，否则会更后悔。

有悔：反省之后有所悔恨。

征吉：困境中不可堕志，应勇敢坚定，不屈不挠继续奋斗才有希望。

• 第四十八卦　井卦:（水风井）䷯

卦辞：井，改邑不改井。无丧无得。往来井井。汔至，亦未繘井，羸其瓶，凶。

爻辞：

初六：井泥不食，旧井不禽。

九二：井谷射鲋，瓮敝漏。

九三：井渫不食，为我心恻，可用汲。王明，并受其福。

六四：井甃无咎。

九五：井洌，寒泉食。

上六：井收勿幕。有孚。元吉。

井象：木生水下，渴求滋养，努力成长，蓄德蓄才。

卦辞解析：

井是人类赖以生存不可或缺的宝贵资源。攻城略地，城头变换大王旗，城邑可以改变，但井依然如故，没有什么得失，往来不断的人们，都会在井边汲水饮用。然而，有的人心太急，打水的井绳尚未完全从井里拽上来，却将盛水的瓶子打碎了，所以产生了危害和麻烦。

人类生存离不开水，井是帮助人们保持水源不断，从而维持长久日常生活必不可少的条件，可见井之大用。井水犹如君子之才德，亦可以为社会提供良好服务，使人们的生活更加美好。

学井德蓄才如蓄水，为家国社稷奉献德能，是君子贤达的人生价值取向。才德越高，能力越强，作为越大，贡献就越丰厚。君子当以井为鉴，修井德，学井能，勤学苦练，博学广识，品格高尚，随时随地为国家民众所用，像所汲之井水一样，无怨无悔。

井的品格是君子人生成功的法宝，是甘于奉献精神的具体体现，是克己奉公的天道美德。好的井水清澈甘甜，取之不尽，用之不竭，为国为民，利己利人。君子修井德，学井才，同井命。世事沧桑，人世变幻，崇高品德不变，始终守正向善，永远不改初衷，矢志不移，丹心一片，谦逊恭谨，默默蓄德积能，源源不断地奉献，成为人们幸福美好生活、社会发展不竭动力的源泉，让自己的生命绽放光华。

困顿之际，君子坚贞不屈，守井德、固井志以待时变。

井泉润人润物，永恒之利，修成正果，必有大用。治学蓄才养慧，筑基升阶，攀上高位，得成大志。

人的知识才能犹如井中之水，需要不断积蓄更新才能随时取用而不枯竭，学无止境，求知之心若井，永不满足。

井水深沉幽静，不扬波澜，溪水浅显，浪花飞溅。贤才品高，大才德厚。

人才需遇贵人，有如良驹得遇伯乐，人才需逢盛世，好似良泉得天独厚，或隐或显，自有天意。贤德之才，当耐得住寂寞，切不可急于求成、急功近利，大器晚成需待时。

爻辞解析：

“初六，井泥不食，旧井不禽。”这是一眼破旧的井，井里积满了淤泥，井边连家禽、鸟类的踪影都看不到了，可见这眼井已经很久没有人来汲水了，呈干涸之象，似乎是眼被遗弃了的死井。

“九二，井谷射鲋，瓮敝漏。”这眼井很浅，可见小爬虾、小蛤蟆在水中游动，不用网具捕捞，以带箭头的简单工具便可射杀，提水的陶罐也被井底撞破了。这眼井虽然有水，但不具备正常饮用的水平，虽然可以捕到小鱼小虾，也可以少量取水，但不会被人重视。

“九三，井渫不食，为我心恻，可用汲。王明，并受其福。”这眼井已经清除了污泥，水质干净清澈，但不知何故，没人前去汲取饮用，不禁令人心情忧伤。如果君王圣明，颁布命令广而告之，让人们多加了解充分利用，一定会造福朝廷和社会。

“六四，井甃无咎。”朝廷昏暗，小人当道，有才德的人自然不会被重用。但没关系，君子继续修德治学，犹如用砖石修井壁，继续淘沙除泥，进一步提升水的品质。内外兼修，水质美外观亦美，呈现出一眼非同寻常的佳井之貌，这就没什么过失和忧患了。

“九五，井冽，寒泉食。”这眼井是罕见的寒泉，水质纯净、凉爽、甘美，闻名遐迩，乃至很远地方的人也闻名前来求饮。

“上六，井收勿幕。有孚。元吉。”这眼井水质优异独特，声名远播，已被朝廷征用为专用井，连提水的工具也被收去了，不用再掩盖。因为遵循了天道法则，按自然规律行事，终于功德圆满，名扬四海，成为天下罕见的良泉、名泉。

从泥井、浅井到洁井、良井，进而再到佳井、名井，恰如德才兼备的君子升迁之路，从低层到中层，从中层到高层，一个阶梯一个阶梯地晋升。修井德，学井才，成良井，变佳井乃至名井，是人才成长的不二法门，其本质至大原始，吉利吉祥。

注释：

井：水井、井泉，饮水设施，人类修造的井，用以集蓄地下水源。

改邑不改井：集镇、城市可以改变，井依旧存在。

无丧无得：没有损失也没有收获。

往来井井：熙来攘往的人群围绕着井。

汔至：井水几乎要干涸了。

jú
亦未繘井：也未见到打水的井绳。繘，井绳。

léi
羸其瓶：羸，破损。打水用的陶罐也损坏了。

井泥不食：井里积了淤泥，水已无法饮用。

旧井不禽：年久陈旧的井连禽鸟都不光顾了。

fù
井谷射鲋：井中的小虾、小蛤蟆，用带尖的简单工具便可捕获。

瓮敝漏：打水的陶器已破损。

xiè
井渫不食：井已经清淤疏通，仍然没人前来汲水。

为我心恻：使我感到伤感。

可用汲：可以放心汲取饮用。

王明，并受其福：明君慧眼识珠，因此井可造福社稷。

zhòu
井甃无咎：以砖石修砌井壁，是没有过失和忧患的。

井洌：井里很凉爽、甘美。

寒泉食：这是一眼罕见的寒泉，自然人人都喜欢饮用。

井收勿幕：盛名之泉，已无遮掩，被朝廷征用。

有孚：有规则有规律有诚信。

• 第四十九卦　革卦:（泽火革）䷰

卦辞：革，巳日乃孚，元亨，利贞。悔亡。

爻辞：

初九，巩用黄牛之革。

六二，巳日乃革之，征吉。无咎。

九三，征凶，贞厉。革言三就，有孚。

九四，悔亡，有孚改命。吉。

九五，大人虎变，未占有孚。

上六，君子豹变，小人革面。征凶，居贞吉。

革象：水火不容，天地不睦，盛极而衰，天下大治。

卦辞解析：

革是有规律的、类似诚信的东西，阳极必阴，阴极必阳，盛极而变乃革。革，天道本元正大原始，通达得利，畅行无阻，有利于正义正道的事业。

变革，因革而变，变故为新。革为天道法则，周而复始，往复不断，其势无可逆转。人类社会通过不断变革而发展进步，人的改变则靠学习进取努力，摈弃沉疴痼疾，才能不断提升自己。

弃旧图新需计划周全，选择恰当时机，遵从自然法则和社会发展规律，才能从根本上通畅顺遂。历法反映了时变，按法则行事，事物发展到水火不相容之时，必反转而变，没有任何力量可以阻挡。改革过程需要坚贞守正，固守原则，不可半途而废。否则，会失败灭亡。

自然依据阴阳交替四季变化维持恒久，人类靠革新、革命不断发展前行，政治、经济、文化、科技，百业待兴，改革创新是人类的天性，其势不可阻挡，并有其规律性。

革，除了进一步阐述自然、社会发展兴衰的规律，还充分道明了如何顺应这个规律，探索变革的性质、方法与玄机。

自然界的历法涵盖人类社会的历法，时机不到决不可急躁冒进，急则败事，任何事都需要治历明时。十月怀胎，春种夏长，秋收冬藏，都是时序，不可逾越。人的智慧体现在时机的把握上，权衡利弊，生克变异，非机成熟不可。

抛开这个大观念，从个体方面讲，一个人欲避免尸位素餐，成就不凡之事，绝不可墨守成规，随风就俗，思想僵化，浑浑噩噩，必须勇于创新，突破世俗及旧习惯势力的影响包围，独立不惧，敢想敢干，不为小名小利所羁绊。

革新、革命，首先要革自我的迂腐、短视、狭隘、贪欲之人性弱点，开阔博大的胸襟，树立高尚思想情操，不为成败得失所累，不为世俗习惯、成规所束缚，更当审时度势，顺应潮流，把握机缘，坚守天道，并最终战胜自己，勇于牺牲，不怕失败，输得起才是英雄。

爻辞解析：

“初九，巩用黄牛之革。”牛皮刚柔相益，坚韧耐磨，用黄牛皮捆绑东西是当时最牢固稳妥的，以此喻义革之初应采取十分审慎稳重的态度，不可激烈冒进，预防遗留后患。

“六二，巳日乃革之，征吉。无咎。”“巳”当为“己”之讹。十天干甲乙丙丁戊己庚辛壬癸，己日在第六位，系易经六爻极变之数，在己日“革”，表明顺应事物发展规律。选择最佳时机举事，进行变革、革命，是吉利吉祥的，不会有过失和麻烦。

“九三，征凶，贞厉。革言三就，有孚。”事物发展如波浪一起一伏，改革进取过程中，艰难险阻是不言而喻的，必须坚守正道，但也不能太过严厉刻板，死守教条，可多些灵活性，摸着石头过河，尝试着来，否则，是危险的。重大变革不是一蹴而就的事，需再三努力，革新理念，亦需反复宣讲，才能慢慢深入人心，从而获得人们的支持和参与，这是自然变化之道，是规律性的，是有诚信的。

“九四，悔亡，有孚改命。吉。”改革大业必须贯彻到底，不能半途而废，犹犹豫豫，顾虑重重，乃至心生悔意，否则会带来灭顶之灾。改革创新是社会发展的必然趋势，是天命所致，坚定不移地遵循这个规律，就会改变整个社会及广大人民的命运，吉运亨通，大吉大利，自不待言。

“九五，大人虎变，未占有孚。”大人物通过变革进一步提升了自己，变成了威猛的老虎。虎乃山林之王，象征一方诸侯或封疆大吏。这种变化不用占卜便可知，乃天道规则使然。通过变革，大人增长了知识才干，丰富了阅历，获得了许多经验，成为雄才大略、安邦治国之贤臣良将。

“上六，君子豹变，小人革面。征凶，居贞吉。”君子贤达在改革中亦有所提升，力量增强了，地位提高了，以豹变作比喻，变化层次仅次于虎变，升迁级别不同而已，并非皮毛之变；民众们则通过变革精神面貌焕然一新，摈弃陈旧观念，移风易俗，迎来了新生活，物资丰富了，过上了富裕的好日子。这时候欲望不可再增加，若不知起伏平息之道，继续苛求则会有灾祸。

此时坚守正道，固守本分，则吉利吉祥。

注释:

革：变革、革新、革除、革命，弃旧图新、颠覆旧制。

巩用黄牛之革：用牛革捆绑象征牢固稳妥。

巳日乃革之：己日系变革的最佳时机。“巳”当作“己”。

征吉：锐意进取是为吉兆。

征凶：积极过正的态度和行为会有灾祸。

贞厉：正义正道的事物处于危险之中。

革言三就：改革、革新或革命的思想理论需再三宣讲，才能产生效果。

有孚改命：若坚守诚信，遵循事物发展规律，矢志不移变革，会彻底改变命运。

大人虎变：古代龙虎乃为帝王将相之象，大人物通过变革或革命进阶上位。

未占有孚：不用占卜便可知，是有规律的，如同诚信一样。

君子豹变：君子豹变较大人虎变略逊一级。

小人革面：小人物洗心革面，精神面貌焕然一新。

居贞吉：牢固坚持居中守正之道，可吉运亨通。

• 第五十卦　鼎卦:(火风鼎) ䷱

卦辞：鼎，元吉亨。

爻辞：

初六，鼎颠趾，利出否。得妾以其子，无咎。

九二，鼎有实，我仇有疾，不能我即，吉。

九三，鼎耳革，其行塞，雉膏不食。方雨亏悔，终吉。

九四，鼎折足，覆公悚，其形渥，凶。

六五，鼎黄耳，金铉，利贞。

上九，鼎玉铉，大吉。无不利。

鼎象：木生火，火烹饪，食为天，家国鼎。

卦辞解析：

鼎，天命至大原始，通达顺遂，吉运亨通，得益获利。

改革是手段，鼎新是成果，成就新形式、新形势、新局面、新气象。经过坚持不懈的努力，乃至艰苦卓绝的奋斗，革故鼎新的局面已经形成，改革者终于问鼎大位，取得国家政权，推行应时变、得民心、利国家民族大业的创新方略。

古人群聚以鼎烹食，供养家亲族众，因此奉鼎为国器。君子学鼎德，进步进取，晋升上位，成就国之重器，为国为民所用。

宇宙自然创生，万物共存共荣，人类社会秉承自然之道，经历了漫长的发展道路，钻木取火，以火烹食，使人类生活逐渐趋向文明。木燃火旺，呈熊熊燃烧之象，鼎中热气腾腾，烹饪的食物散发出诱人的香气，众人围绕在一起，分享共同劳作收获的成果。

民以食为天，吃饭生存是头等大事，鼎的象征意义极其重大。古代以鼎代表国家政权，皇帝一言九鼎，至尊至上。相传，夏禹收九牧之金铸九鼎于荆山，象征九州，并镌刻魑魅魍魉图形警示人们，国器神受，不可觊觎。自此，鼎由寻常饮食器具变成传国重器和权力的象征。后来的王朝建立和定都都称之为“定鼎”。

鼎，庄严、稳固、厚重，象征君子贤达克己奉公，坚守正道，所以吉利亨通。

一言九鼎，讲的是诚信的权威性。

问鼎，意为取代国家政权，获得天命大位。

鼎亦象征最佳时期及强大到顶端。

一家之主必须鼎力尽职，持家养亲；一国之主当以天下为己任，克己奉公，无私无畏，保家卫国，养贤养民。

爻辞解析：

“初六，鼎颠趾，利出否。得妾以其子，无咎。”三足鼎立，一趾颠，其鼎则危。鼎象征家国之重器，鼎趾不稳，说明家国大政出了问题，因此所有正义的事情都会向反面转化，利变成害，益变成损，强变成弱，盛变成衰，顺变成逆，爱变成恨，一切一切皆成否势。妻子不能生育，后继无人，此乃家国之大患。何以解除此恶弊？唯有“得妾以其子”，后嗣才能得以延续。这是所有一切的根本，如此才能避免忧患和灾难。

“九二，鼎有实，我仇有疾，不能我即，吉。”鼎中有吃的食物，我的发妻有病，抑或还怨恨我，常常卧床不起，不在身边陪伴我，但是没关系，我自己能解决吃饭问题，虽然有些小麻烦，心中却没有任何忧烦愁绪，因此是吉祥的。

“九三，鼎耳革，其行塞，雉膏不食。方雨亏悔，终吉。”一时心血来潮，将鼎的耳环改掉了，移动起来很是不便，以至鼎里煮熟了还没吃的鸡肉，被一阵突如其来的雨淋湿了，因而对自己的“革耳”行为感到后悔，但“亡羊补牢，未为晚也”，再改过来便是。最终结果还是好的。

“九四，鼎折足，覆公𫗧，其形渥，凶。”有毛病的鼎足终究还是折断了，致鼎倾覆，正在为王公熬制的八珍羹洒落了一地，鼎在湿渍渍的地上滚动，一片狼藉，其情形十分难堪，显现出凶兆，看来要发生灾祸，甚至会遭受刑罚。

“六五，鼎黄耳，金铉，利贞。”给鼎重新按上了耳环，用吉祥的黄铜制作，并用黄金制作耳钩、鼎杠，使其既美观、实用，又贵重正固，这才是正确无误的事情，有利于正道。

“上九，鼎玉铉，大吉。无不利。”更上一层楼，锦上添花，用宝玉石镶嵌鼎的部件及佩饰，令鼎看上去更加美观珍贵，并使其成了有观赏收藏价值的艺术品，自然大吉大利，喜庆呈祥，没有任何不利之处了。

玉石在当时极其珍贵，用玉镶嵌鼎器，足见其珍视程度，以此引申对象征家国重器的尊崇。

注释：

鼎：上古食器，家国象征，鼎足、鼎立、鼎新、鼎盛、金鼎、铸鼎、问鼎。

鼎颠趾：鼎足有弊端，站立不稳。

利出否：所有利处都向反面转化。

得妾以其子：纳妾是为了让其生孩子，延续子嗣。

鼎有实：鼎中很充实，有足够的食物。

我仇有疾：仇，对立，怨恨。这里指仿佛与我作对的妻子有病。

不能我即：妻子不能相伴，我自己也能搞定。

鼎耳革：想变革一下鼎，把鼎耳改掉了。

其行塞：鼎移动受阻。

雉膏不食：鼎里煮的鸡肉没吃。

方雨亏悔：突降阵雨造成损失，懊悔不已。

终吉：因有悔而改过，结果还是好的。

鼎折足：有毛病的鼎足还是折断了。

覆公餗：鼎倾倒了，正为王公煮的美食洒了一地。

其形渥：鼎在湿渍渍的地上滚动，很难堪。

鼎黄耳：改用黄铜制作鼎耳。

金铉：用贵重的金子制作耳钩鼎杠。

鼎玉铉：用极其珍稀宝贵的玉石镶嵌鼎部件及佩饰。

无不利：没有任何不利因素。

• 第五十一卦　震卦:（雷雷震） ䷲

卦辞：震，亨。震来虩虩，笑言哑哑，震惊百里，不丧匕鬯。

爻辞：

初九，震来虩虩，后笑言哑哑。吉。

六二，震来厉。亿丧贝，跻于九陵，勿逐，七日得。

六三，震苏苏，震行无眚。

九四，震遂泥。

六五，震往来厉。亿无丧，有事。

上六，震索索，视矍矍。征凶，震不于其躬，于其邻，无咎。婚媾有言。

震象：天惊地动，震鬼慑神，小人痛心，君子省身。

卦辞解析：

雷霆万钧，震撼鬼神，摄人心魄。古人诅咒恶贼奸人及不肖子孙遭报应，受雷劈电击火烧，令人心惊胆战，毛骨悚然。

雷震乃自然之道，是大自然的一种突出现象，系易八卦之一。震是通达顺遂的，因震而散发凝滞阻塞之气，使天地畅通，万物复苏。

时震时变之序，因时至而震，因时至而变，君子知天时之变而循其道随其序，当动则动，当静则静，当显则显，当潜则潜。

震，雷电火齐发，天地撼动，两阳相冲必震，阴阳不调必震，小人在上君子在下必震，小人得意必不能久，君子如雷，改革大业翻天覆地。

晴天霹雳当头响起，振聋发聩，百里之外亦如在耳畔，令人魂飞魄散，其情状犹如丛林间隙窥见了老虎的影子，犹如惊悚险难中幸存的人，心神平息之余，不免会暗自庆幸。有些小人则会当作笑谈，冷嘲热讽，大加渲染；遵天守道的君子却临危不惧，平静淡定，恰值祭祀之时，竟然连盛满美酒的汤匙都纹丝未动，一滴酒也没洒出来。

震如雷贯耳，惊心动魄，警醒世人，有惊惧才有敬畏，有惊惧才能谨言慎行。人生如履虎尾，需要时刻警惕，时时反省，须臾不怠，闪念之间定吉凶。

震，在人类社会是重大变革，甚至是改朝换代的大动荡，关乎社稷安危。革命必将带来巨大的社会阵痛，甚至千万人流血牺牲，周灭商的革命，其激烈震荡的程度是不言而喻的。

震，至于个人而言，亦是非同寻常的际遇。一个心怀敬畏、“夕惕若厉”、每日三省、守正善行的君子，为了实现为国为民的远大抱负，必定要经历百般磨难，甚至千难万险，这是生命嬗变的大动荡，是鲤鱼跳龙门，是凤凰涅槃。自古以来，非凡人物都是从苦难中走出来的，都曾经历千锤百炼的考验。经受震动，经受磨难，经受挫折失败，乃至长久的寂寞无助，才能卓尔不凡，最终超越尘俗，勇立时代潮头。

爻辞解析：

“初九，震来虩虩，后笑言哑哑。吉。”一声震雷在耳畔炸响，令人不禁瞠目结舌，毛发倒立，犹如在森林树隙中一眼瞥见老虎的身影正向自己扑来。过后不觉暗自发笑，原来是一场虚惊。这个震惊是吉祥的，可以使人警惕反省，千万别做恶事，天报随时会来。

“六二，震来厉。亿丧贝，跻于九陵，勿逐，七日得。”震是危险的警示，这个警示果然应验，大量的金钱财富被抢劫，贼寇跑到高山营寨去了。不用去追逐，该失去的必然会失去，此乃自然法则。“七日得”喻义周而复始，损益生克，风水轮转，失而复得。

“六三，震苏苏，震行无眚。”震令人惊悚，浑身颤抖的感觉经久不去，这是一个好现象，知惧而敬畏，时刻警惕别走邪道，别干坏事，便不会有灾祸发生。

“九四，震遂泥。”雷震撼动了大地乃至山呼海啸。震动愈演愈烈，波及面不断广泛深入，某人到头来还是受到了牵连，失身陷入泥泞之中。这说明他并非那么干净，可谓拔出了萝卜带出了泥，自然难脱干系。

“六五，震往来厉。亿无丧，有事。”震太过频繁有危险，人们会习以为常，预先设防，以使亿万资财免受任何损失。若此将产生不良影响，甚至发生其他变异，从而带来诸多麻烦。震当有据，震当有节。

“上六，震索索，视矍矍。征凶，震不于其躬，于其邻，无咎。婚媾有言。”震令人惊慌失措，惶恐之余，只想安分守己，平安度过震期，不敢有所企图和妄念。幸好，这场震没有发生在自己身上，而是发生在邻人那里，因为婚姻问题积累了矛盾而发生纷争。

邻人之震何来？其危险自己将如何避免？必须反身自省，引以为戒。以他人为戒，以历史经验为鉴，知惧而敬畏，谨言慎行，积德行善，则无忧无患。

注释：

震：震动、震撼、震荡、震慑、震惊，雷震、地震。

震来虩虩（xì xì）：天雷震响，人心惊恐，仿佛在林间窥见了老虎的身影。

笑言哑哑：窃窃私语，哑然失笑。

震惊百里：方圆百里都受到了震慑。

匕鬯（chàng）：古代盛酒的勺子。

亿丧贝：损失了大量金钱财富。

跻于九陵：攀登上了高高的山巅。

勿逐：不用、不要追赶。

七日得：易之观念，七日为极变更始之数，周而复始，往复不断，失而复得。

震苏苏：震令人恐惧。

震行无眚：震的行为令人警醒，因此不会发生灾祸。

震遂泥：震动荡涤污泥浊水。

震往来厉：震若往复不断会带来危险。

亿无丧：解其意而预防，没有任何经济损失。

有事：会有其他事情发生。

震索索：浑身颤抖不止。

jué jué
视矍矍：头晕目眩，视线漂浮不定。

震不于其躬：没有亲身体验震行之事。

于其邻：震事发生在邻人身上。

婚媾有言：因为婚姻问题发生矛盾、纷争。

• 第五十二卦　艮卦:(山山艮) ䷳

卦辞：艮其背，不获其身。行其庭不见其人，无咎。

爻辞：

初六，艮其趾，无咎。利永贞。

六二，艮其腓，不拯其随，其心不快。

九三，艮其限，列其夤，厉熏心。

六四，艮其身，无咎。

六五，艮其辅，言有序。悔亡。

上九，敦艮，吉。

艮象：两山重叠，势力相当，互不响应，无交则止。

卦辞解析：

艮山、艮止、禁止、阻止、静止、停止，令行禁止，知行知止，当行则行，当止则止，行止之间，充满智慧，充满玄机。

艮为山为止，知止者不怠，走到山顶必须止步，再往前走就是下坡路，甚至是深渊。

某人去主君家中拜访，在门前看见了主君的背影，便停下来，但并未能与主君晤面。随后，不由自主跟随主君走进庭堂，但主君的身影突然不见了，一时犹豫不决，不知该如何是好。

此时，依照艮之精义，当即刻止住脚步，不再乱走乱动，便不会有过失，否则会产生是非。

以生动形象的比喻解说艮之卦义，阐明一个人的行为举止要适当适度，当禁则禁，当止则止，当进则进，当退则退，行止不失其节度，倘若胆大妄为，胡乱行动，破规乱矩，必将惹祸上身。

艮如山如法，以法治国，执法如山，人生难免涉险，但天道、人伦、法律不可逾越，坚持正义不可有丝毫松懈。世间许多人许多事表明，一个闪念，一时疏忽，失掉正义而致害。防微杜渐，毫末不染，找准自己的立足点，不在其位，不谋其政，不该想的不想，不该说的不说，不该管的不管，循规蹈矩，不越礼数，则没有过失和忧患。反之，乱章法，破规则，妄作为，必招灾惹祸。

君子守德，稳如泰山，不动不摇，牢固坚实，虽健而无妄，虽强而不逞，静止笃定，凝神定慧，动静之间，阴阳转换，时机交变，适可而止，不僭越，不失度，不过分。

君子谨言若讷，小人疾言厉色。君子思艮修艮，艮到敦厚的境界自然吉祥。小人有禁不止，口无遮拦，妄议国事人非，引火烧身。

《大学》云："为人君止于仁，为人臣止于敬，为人子止于孝，为人父止于慈，与国人交止于信。"

艮止身心言行，遵循时序天道，中正祥和，真诚敦厚，乃君子贤达的内涵与表象。歌德说：谁不能主宰自己，永远是一个奴隶！

一个国家，一个民族，是由千千万万人组成的大家庭，若不能令行禁止，严格维护法律的权威和尊严，便将成为一片散沙，乱象丛生，祸患不堪，古今血的教训，刻骨铭心。

爻辞解析：

“初六，艮其趾，无咎。利永贞。”停住脚步，站稳立场，需从脚趾开始，这是艮之初始。任何事物无不由始而终，凡事从最初认真做起，便不会有失误和忧患。万事开头难，起步、起点至关重要，是长远发展的基础，有利于永久坚守正道。

“六二，艮其腓，不拯其随，其心不快。”从脚趾开始艮起，逐渐艮到了小腿上，以致腿脚像麻痹了似的，不听使唤，可谓举步维艰，使心中备感懊恼、烦闷，怎么也快乐不起来。任何追求进取都来之不易。

“九三，艮其限，列其夤，厉熏心。”进而艮到了腰部，行动更加困难，连累到脊背及其他部位也不灵便，不禁产生了危险的念头，像火烧火燎一般。

前进的征途中，疑惑和茫然是不可避免的，无论什么人都如是。

“六四，艮其身，无咎。”一而再，再而三地艮下去，直到全身静止固定，不动不摇，立场坚定不移，坐如钟，立如松，傲然挺拔，稳如泰山，自我控制能力十分强大。这样就不会有过失和忧患了。

“六五，艮其辅，言有序。悔亡。”常言道：“病从口入，祸从口出。”实践早已验证，管住自己的嘴巴极其重要，人世间许多祸事，皆由口齿所生。若能艮到言语有节有序，有理有据，便不会发生令人后悔的事情。

“上九，敦艮，吉。”相由心生，艮到由内而外敦厚诚实，才是最高境界的艮。老子有言，“知者不言，言者不知”“大巧若拙，大辩若讷”，达至如此境界，才能吉利吉祥。

注释：

艮：山、止、止住、止步、停止、禁止、艮止、抑止。

艮其背：止步于其人背后、身后。

不获其身：没有与其人面对面。

行其庭不见其人：走进庭堂却不见了其人的踪影。

艮其趾：从脚趾开始艮起，止于事物初始状态。

利永贞：有利于正义事业的永久坚守，有长远影响。

艮其腓（féi）：艮到小腿肚子上。

不拯其随：麻痹不灵，身心不能相应。

其心不快：心情烦闷不爽。

艮其限：艮到了腰部。

列其夤(yín)：连累到脊背肌肉部位。

厉熏心：整个心情被危险意识浸淫。

艮其身：整个肉体都被艮着。

艮其辅：口齿、嘴巴都被艮住了。

言有序：说话有理有据，有条不紊。

敦艮：艮到最高境界，乃至神态都变了，一副诚实厚道之象。

• 第五十三卦　渐卦：（风山渐）䷴

卦辞： 渐，女归吉，利贞。

爻辞：

初六，鸿渐于干。小子厉，有言无咎。

六二，鸿渐于磐。饮食衎衎，吉。

九三，鸿渐于陆。夫征不复，妇孕不育，凶。利御寇。

六四，鸿渐于木。或得其桷，无咎。

九五，鸿渐于陵。妇三岁不孕，终莫之胜，吉。

上九，鸿渐于陆。其羽可用为仪，吉。

渐象：山风刮，草木生，渐渐长，成气象。

卦辞解析：

渐变渐进，渐生渐长，逐渐演变是宇宙间一切事物发展的规律，是认识解决所有问题的不二法门。思想方法正确与否，是人自身因素决定命运的关键所在。知其意，识其体，便不会犯那些低级可笑的错误。譬如异想天开，总想天上掉馅饼，一口吃成胖子，或一觉醒来腰缠万贯，一步登天，等等，都不切实际。

女人出生在父母家，但夫家才是她真正的家。回归夫家需要经历多少日日夜夜漫长的时光，这样的人生道路是渐渐走过来的。这样的结果是慢慢成熟的，可喜可贺，吉祥如意，这是需要坚贞守正才能获得的。

女人出嫁乃为天道，是女人的归宿，更是人类繁衍的自然法则，但需要假以时日，耐心等待，令其逐渐生长成熟，经历天道人伦的规则与检验。一个女人需要经历从婴儿到幼童，从少年至成人，以及成年后聘娶、送嫁、迎亲的漫长过程。

纵观寰宇，从自然界到人类社会及至个体人事，任何事物无不体现渐行渐进的过程，包括天地化生亦是“太极生两仪，两仪生四象，四象生八卦”，“一生二，二生三，三生万物”，乃至世人皆知的滴水穿石之功；毫末之木长成栋梁之材，九层高台起于垒土，英雄圣贤无不长于襁褓之中。这期间的一点一滴，分分秒秒，无不实实在在体现在一个渐字上。

爻辞解析：

“初六，鸿渐于干。小子厉，有言无咎。”一群大雁依次渐渐降落于湖畔，正在玩耍的幼稚儿童有些惊异、害怕，误会有什么危险，连忙喊叫大人，寻求保护。大人告诉孩子：别怕，大雁不咬人，尽管放心玩吧，没有任何忧患和麻烦。

或可解为：一群大雁落于岸边，小雁害怕会有危险，母雁告诫和抚慰道：别那么胆怯，勇敢点，孩子，什么麻烦也不会有。

“六二，鸿渐于磐。饮食衎衎，吉。”大雁在湖畔浅水中觅食后，纷纷飞到岸上一块巨大的石崖上歇息，享受饮食后的满足和快乐。蓝天白云，苍山峻崖，丛林群雁，情景交融，呈现出一幕世间无限美妙的图画，这是多么吉祥啊！

“九三，鸿渐于陆。夫征不复，妇孕不育，凶。利御寇。”时间推移，大雁离开水边飞落于一片高地上。丈夫出征还没回来，妇人生了孩子却无力养育，更得不到丈夫的抚慰，自然凶多吉少。但这是为了抵御外寇必须做出的牺牲。

“六四，鸿渐于木。或得其桷，无咎。”一群大雁结队循序落在一些枝干裸露、粗壮而有棱角的树木上栖息，显出一副慵懒倦怠的神态。光阴流转，季节更换，大致已是秋季了，冬天在渐渐临近。这种情状是正常的，没有什么可忧虑的。

“九五，鸿渐于陵。妇三岁不孕，终莫之胜，吉。”大雁徐徐飞行，渐渐落于高山之巅，是为冬藏之举。光阴荏苒，转眼已过了三年，妻子始终没有怀孕，足以说明她品格高尚，对夫君忠贞不渝，其心志是无法战胜的，最终必将获得吉祥、幸福和喜悦。

“上九，鸿渐于陆。其羽可用为仪，吉。”大雁渐渐离开水域飞落于陆地上，再度验证了时间季节的演变更替，时光轮转，周而复始，万物都在渐渐变化，大雁的羽翼变得美丽而华贵，可用于宫廷礼仪上的装饰。亦象征人事变动，渐行渐进取得成功，由量变到质变，这是大吉大利的。妻子贤良忠贞，丈夫忠勇报国，征战数载，终于荣归故里，人生结局美好。

注释：

渐：渐渐、渐近、渐进、渐行、渐远，逐步、逐渐。

女归：女人出嫁，回归夫家，即回到自己的家。

吉：吉利、吉祥、吉兆、吉运。

利贞：秉承妇德，利于坚贞守正。

鸿渐于干：一群大雁渐次落于岸畔水边。

小子厉：小孩子或小雁感觉有危险。

有言无咎：有人告诫，没有什么可担忧的。

鸿渐于磐：一群大雁渐次落于一块大石崖上。

kàn kàn
饮食衎衎：享受食欲满足的喜悦。

鸿渐于陆：一群大雁渐次离岸落于内陆。

夫征不复：丈夫出征未曾复返。

妇孕不育：妇人生了孩子，却无力抚养。

利御寇：有利于抵御外敌侵略。

鸿渐于木：大雁落在树木上栖息。

jué
或得其桷：大雁的脚蹼不善于抓枝，只能站在粗壮有棱角的树木上。

鸿渐于陵：大雁渐次飞往高高的山巅。

妇三岁不孕：说明妇人忠贞不渝及丈夫出征三载未归。

终莫之胜：最终没有谁能战胜，结果会得利获益。

鸿渐于陆：大雁渐次离开岸边飞往陆地。

其羽可用为仪：时光流转，渐行渐变，小雁长成大雁，美丽的羽毛被宫廷选用为装饰品。

吉：吉祥如意，吉运亨通。

• 第五十四卦　归妹卦:（雷泽归妹） ䷵

卦辞：归妹，征凶，无攸利。

爻辞：

初九，归妹以娣，跛能履，征吉。

九二，眇能视，利幽人之贞。

六三，归妹以须，反归以娣。

九四，归妹愆期，迟归有时。

六五，帝乙归妹，其君之袂不如其娣之袂良。月几望，吉。

上六，女承筐无实。士刲羊无血。无攸利。

归妹象：泽上雷，阳当位，女就男，阴阳配。

卦辞解析：

古代有一种婚姻礼俗，姐姐嫁人，妹妹要做陪嫁。其时，若妹妹年幼不到婚嫁年龄，需要等到成年后，再履行仪式嫁到夫家。因为名分上早已陪姐姐出嫁了，只是丈夫迎娶的时间延后，所以有回归之意，亦有少女嫁年长男子之意，因姐姐是正室，妹妹只是妾，所以称“归妹以娣”。

令许嫁少女成年后回归夫家是天道规则，亦是人伦礼法，是事物发展的必然规律，不可悖逆。届时，妹妹年轻受宠，姐姐年长色衰，并且为旧人，妹当恪守妇道，珍惜亲情，懂得尊卑之序，不可恃宠而骄，越位争风，更不能图谋篡取正位，所以称“征凶”，亦没有什么长远发展及利益可图。

古代婚姻为一夫一妻多妾制，这种制度一直延续了数千年。先人们正是以这种理念，长期维持、稳固着诸多家庭的和谐幸福。以今人现代的观念看，这无非是一种封建腐朽的婚姻制度。但“归妹”主旨是在讲遵礼仪、重规则、守本分、不越位，是在告诉人们要遵守天道人伦，按正道常规做人做事，不可存非分之想，不可徒生妄念。婚嫁妇德只是一种借喻，深层次道理以人人明白的话题道出。

天地合，男女交，自然之道不可违，夫妻爱，家道兴，社稷稳定，天下安宁。

“归妹”既是道义的坚守，又是深邃的谋略。

知“归妹”之意，君子当永远铭记在心，规范自我行为，不逾道义，任何时候莫忘克己修行，严以自律。

爻辞解析：

“初九，归妹以娣，跛能履，征吉。”妹妹长成回归夫家，虽为新宠，但毕竟为妾，严格说与做主妇的姐姐系主仆关系，故虽然能行走，却是个跛子，以此喻妾之处境。因此，为妾者需找准自己的位置，恪守本分，真诚辅助姐姐服侍好夫君，料理好家务，虽然不为正室，却也能积极努力，尽职尽责，为家庭做出自己的贡献。

“九二，眇能视，利幽人之贞。”眇，一目失明或为眼疾，虽然能看，但不如双目光明看得真切，功能上属于残疾。这种情况最好深居简出，学修行之人，修心养性，秉承天意，恒久坚守此道为妙。

“六三，归妹以须，反归以娣。”归妹已长成了回归夫家的年龄，但由于夫家某种不得已的原因，暂不能及时迎归，须继续留在父母家中。归期滞后的归妹，此时的名分则为娣，重新恢复以前之称谓，直至终归夫家为止。

“九四，归妹愆期，迟归有时。”归妹到了回归夫家的时间，因故不能如期而归，需说明原因并获得夫家的同意，双方尚需约定新的期限，届时再如期迎归。

“六五，帝乙归妹，其君之袂不如其娣之袂良。月几望，吉。”殷商王帝乙将女儿嫁给西伯侯姬昌（即周文王），因帝女为君，侯王为臣，是为下嫁。待“归妹”成年后夫家迎娶时，身为文王正室的姐姐，衣着竟不如作为侧妾的妹妹服饰华丽，这衬托和说明，文王夫妇品行高贵，生活作风简朴，不事奢华，堪为典范。

时值月中，皓月当空，几近圆满，象征家国呈祥，亦有一家团圆大吉大利之喻义。

“上六，女承筐无实。士刲羊无血。无攸利。”归妹回归夫家，三个月后需在宗庙举行祭祀仪式。新娘捧着的筐里没有果实，新郎奉献的羊肉已无血迹，说明羊不是现宰的，而是先前用过的祭品。虽说祭祀先灵贵在虔诚，看心不看迹，风尚可嘉，但也佐证其家境贫困，物资匮乏，经济没有得到发展，不改变这种状况是没有发展前途和希望的。

注释：

归妹：商朝实行姐嫁妹陪婚姻制度及礼俗，姐嫁时妹未至成婚年龄，需成年后回归夫家，亦有少女嫁年长男子之意。

征凶：超越本分，争宠，图谋正室乃凶兆。

归妹以娣：随姐出嫁的妹名娣，姐为正室，妹为侧室。

跛能履：脚跛之人亦能行走。

征吉：积极进取，吉利吉祥。

眇能视：眼睛虽有疾患，但仍有一定视力。

利幽人之贞：有利于隐居静处修身养性。

归妹以须：归妹已至成婚年龄，因夫家不能及时迎归，仍需留在父母家中等待。

反归以娣：已至婚龄的归妹名分为娣。

归妹愆期：归妹已至成婚年龄，因某种缘故不能如期而归。

迟归有时：推迟归期需与夫家另行约定时间。

帝乙归妹：殷商天子帝乙将年少女儿许婚给周文王，待成年后方能迎娶。

其君之袂不如其娣之袂良：身为正室夫人的衣着不如侧妾新人的服饰华丽。

月几望：时值月中，皓月当空，几近圆满。

女承筐无实：女人捧着没有祭品的筐。

士刲羊无血：男人奉献的羊肉没有血迹，说明已经不新鲜了。

无攸利：没有发展前途和长远利益。

• 第五十五卦　丰卦：(雷火丰)

卦辞：丰，亨，王假之。勿忧，宜日中。

爻辞：

初九，遇其配主，虽旬，无咎。往有尚。

六二，丰其蔀，日中见斗，往得疑疾。有孚发若，吉。

九三，丰其沛，日中见沬，折其右肱。无咎。

九四，丰其蔀，日中见斗，遇其夷主。吉。

六五，来章，有庆誉。吉。

上六，丰其屋，蔀其家，窥其户，阒其无人。三岁不觌，凶。

丰象：电闪雷鸣，光明震动，政通人和，物盛则丰。

卦辞解析：

丰收、丰盛、丰沛、丰满、丰富，通达得利，畅行无阻，君王凭借这个依托，依据这种基础而没有烦恼、忧患。此时宜守中道，像中天之日，气势磅礴，光芒万丈，广施恩泽，普照天下，惠及万物万民。

丰，大盛之象，民富国强，志得意满，硕果累累，以农人之丰收喻其他各项成就。一波三折，几起几落，终获大成；多年积累，苦苦经营，收获颇丰，前景壮观；时值盛年，羽翼丰满，锐气逼人，强势推进，大业蒸蒸日上。

起初期望的崇高愿景像梦幻般如愿以偿。然而，几乎很快又回到了原点，人的欲望根性决定另外的意愿又重新开始了，仍需不停地前行，或者被最初的成功所左右，走向另一个极端，变异成另类，甚至变得连自己也不认识自己了，不由自主地滑向危险的境地，乃至走向失败、毁灭。

成功之终亦是失败之始。成功是另一种磨难和考验，智者贤达当以平常心看成败，冷热皆不失其恒，别把世俗那点事看太重，知生命之珍贵，亦当识生命之卑微，人事成败，得意与失意，皆是人自酿的苦酒，自贵自贱，可悲可叹。

生命是自然态，它不以人的意志而存在，人只能顺应顺从，在各自有限的空间里，做自己喜欢并能做的事，以尽天职。

农耕时代，丰收是最大的喜悦，尤其是大丰收，五谷丰登，民间庆丰活动盛况空前，蔚为壮观，一派普天同庆、国泰民安的动人景象。

这样的情景局面象征国运昌盛，王者必然要借此祥瑞之兆，大加宣扬，大造声势，鼓舞士气，收揽人心。这政通人和顺天应人的局面，如日中天，发扬光大，普照天下，没有什么可忧烦的，时值日中，恰当奉行中行之道方能长久。然而“日中则昃”“月盈则食”，时变之道难违，大丰盛况之下，需谨防诸多不利因素滋生泛滥，且不可为胜利成就冲昏头脑，更不可盲目骄傲，轻狂浮躁，丢失敬畏之心。否则，必是“亢龙有悔”，甚至酿成千古遗恨，方知天理难容，天意不可欺。

一个人身处丰境，是理想得以实现的良佳之期，这时是强大的，也是脆弱的，无德之人难承盛状，人的欲望、贪念无限，盛衰之间仅隔一线，正所谓“成在败时，败在成时”，看古今有多少活生生典型案例，盛况之下败家、毁国、灭身，落得悲惨结局。

爻辞解析：

“初九，遇其配主，虽旬，无咎。往有尚。”遇见真正与自己相匹配的明君，虽然时间长久了些，但没有什么妨碍，勇敢地前往投奔追随，或投入真情表白，一定会被接受并获得嘉赏，乃至会有高尚美好的事情发生。

“六二，丰其蔀，日中见斗，往得疑疾。有孚发若，吉。”丰其蔀以至云霭蔽日。事过则反，大丰之空前盛况仿佛泽满而溢之水，形成诸多不利因素乃至祸患。因部族遇明主而使事业得到了很大发展。然而，天上突然出现了罕见的日全食，以致中午见到了星斗，这个异象令人忧虑疑惑，仿佛患了心病。冥思苦想方得顿悟，应适可而止，采取中行之道，按事物发展规律一张一弛，不可继续贪图冒进。并坚定不移践行承诺，秉持诚信，以此表达自己的意愿和志向，这样才会吉利吉祥。

“九三，丰其沛，日中见沫，折其右肱。无咎。”丰沛乃极其盛大，实为过丰之象，浓雾弥漫，遮天蔽日。中午，一缕阳光穿透迷雾，在其映照折射下，可见雾霭水气形成的小细泡，因视线不好，路不熟而失足折断了肩肘，幸好是小伤害，无大灾大难。

“九四，丰其蔀，日中见斗，遇其夷主。吉。”大丰之运令部族事业得到蓬勃发展，可谓盛世壮观，民富国强，宏愿得偿。但这大好局面恰似“日中则昃，月盈则食”。“日中见斗”，天降昭示，需以损免灾。此时，正值与少数族群首领相遇相交，遂决定以自己丰富的收获帮助其发展，这是两全其美、吉祥如意的事情。

“六五，来章，有庆誉。吉。”丰之时，因施行了“以有余补不足”的天道，接济贫穷落后的族群，天下万民都有了获得感，因此纷纷发来誉辞贺信，表达友好感激之情，此种情形自然是吉运亨通之兆。

“上六，丰其屋，蔀其家，窥其户，阒其无人。三岁不觌，凶。”因丰而富有，扩大宅院，建造楼阁别墅，以华丽的庭院庇荫家人。高大门楼令人好奇窥探，顿生迷惑、羡慕、嫉妒之意。同时，亦感觉其内空寂无声，没有一丝生气，竟至连续三载没有看见人影儿，显然是出了问题。人去楼空，自然凶多吉少。

人们只看到丰之成果，却忽视了丰之危害，世间因收获成功、富贵而折损、毁灭之事屡见不鲜。

注释：

丰：丰收、丰富、丰盈、丰满、丰盛、丰沛、丰腴，盛况空前，多姿多彩。

王假之：君王借此助力其他。

勿忧：不用烦恼或没有忧愁。

宜日中：盛状之时当奉行中道，不可继续冒进。

遇其配主：与已居上位的同人知音相遇，并获其提拔帮助。

虽旬：虽然年长或时间长久了些。

往有尚：前往进取会有赞誉和嘉奖。

丰其蔀（bù）：丰的遮掩成分即利的有害因素。

日中见斗：中午时分发生日全食，天倏地黑下来，竟然能看见星星。

往得疑疾：是否要继续前行？疑虑重重，像患了心病似的。

有孚发若：以坚守诚信，践行承诺表达自己的志向。

丰其沛：丰之盛大，若充沛雾霭遮云蔽日。

日中见沬（mèi）：中午强烈阳光映照下，可见浓雾形成的细泡。

折其右肱：折断了右臂。

遇其夷主：与弱小族群首领相识相交。

来章：送来书函、奏章。

有庆誉：赞美、庆贺、褒奖之辞。

丰其屋：“富润屋，德润身”，有钱自然要盖大房子。

蔀其家：庇佑家人，荫及子孙。

窥其户：窥探其门户。

qù
阒其无人：寂静无声，没有人气。

　　dí
三岁不觌：三年没有所闻所见。

• 第五十六卦　旅卦：（火山旅） ䷷

卦辞： 旅，小亨。旅贞吉。

爻辞：

初六，旅琐琐，斯其所取灾。

六二，旅即次，怀其资，得童仆贞。

九三，旅焚其次，丧其童仆，贞厉。

九四，旅于处，得其资斧。我心不快。

六五，射雉，一矢亡。终以誉命。

上九，鸟焚其巢，旅人先笑后号咷。丧牛于易，凶。

旅象：艮山离火，山火远映，跋山涉水，寻找光明。

卦辞解析：

旅乃人生际遇之一。旅事诸多，如外出游历、迁徙移居、拜师求学、探亲访友、差役信使及异域考察，等等。

卦象显示，太阳在山上，光明在远方，离别故土前往寻找光明，寻求希望。时空转换，因丰而获得成功，获得财富，处境发生了变化，新的欲望、追求及疑惑也随之产生，不满足甚至厌倦了原有的生活状态。求异思变，异域、异遇、异人，成为新的追求目标；广见博闻，增长见识，丰富阅历，寻求快乐；换环境，换心情，换口味；图新鲜，除却人生腻味儿，令生活焕然一新，令生命丰富多彩。旅事是人生之大欲及要务，旅可避免终身固守一隅，做井底之蛙。

旅居：俗话说"人挪活"，在一个地方待不下去了，实在没什么指望了，或者待够了待腻了，想外出寻找新生地。

旅学：一个人的知识除先天部分，后天大约来源于两个方面，一是博学而多知，二是广见而多识。因此需读万卷书，行万里路。古代交通闭塞，读万卷书不易，行万里路亦难，但是为了增长见识，外观万象，广结天下英贤，胸怀大志的君子还是不畏艰险，克服重重困难外出游历，以开阔自己的视野，更多了解世俗人情，广结善缘。

旅难：时逢乱世，战事频发，连年灾荒，百姓流离失所，逃难远方。

旅差：古代通讯设施简陋，信息传递手段落后，官差信使日夜兼程，长途跋涉，经久在外颠沛，司空见惯。

旅游：有志之士游山玩水，遍访名山大川，尽览天下奇观，还有游侠四处闯荡江湖，各色游人络绎不绝。在家事事易，在外处处难，意想不到的困苦磨难，随时会发生，但必要的旅事无法排除，况且不乏惬意酣畅之旅。

旅是小亨，相对事关重大命运的大亨大通，乃是小通，小的通达得利。“旅贞吉”则是说在外行旅之人，必须坚守正道，谦逊恭谨，并且要入乡随俗，不可妄自尊大，更不可恃强凌弱，如此，方能吉祥如意。

爻辞解析：

“初六，旅琐琐，斯其所取灾。”旅行时要精神昂扬，堂堂正正，坦坦荡荡，不可显得穷苦寒酸，猥琐萎靡，让人觉得卑微怯懦，这样会给自己招致不必要的麻烦，甚至引来意料不到的灾祸。

“六二，旅即次，怀其资，得童仆贞。”旅人刚开始旅行时，身上带着钱，比较阔气，寄居某地时因贪图享受而显荣露富，不惜重金买了一个童仆，照料自己的起居。这时候需要恪守本分，固守正道，低调隐忍，不可张扬。

“九三，旅焚其次，丧其童仆，贞厉。”旅居之所突然失火被烧毁，童仆不见了踪影，料想不是被人劫持掳掠就是乘机逃走了，或者是发生了其他意外。这是一种危险的预兆，不可太过追究，倘若持正求真，穷追不舍，危险会更加剧。

“九四，旅于处，得其资斧。我心不快。”万不得已，只好离开此地，去别处旅居，途中临时休息时，不巧拾得一枚斧形资币。或因其不幸遭遇受人同情，给予资助，但仍未解其心中的懊恼，旅人感觉前途很渺茫。

“六五，射雉，一矢亡。终以誉命。”旅外寻求希望和机遇，上天不负苦心人，终于有了显示自己高强武艺的良机。陪同主君或官人去围猎，旅人一箭将野雉射落下来，从而获得赞誉，名声陡起，终于被赏识重用。

“上九，鸟焚其巢，旅人先笑后号咷。丧牛于易，凶。”人生命运一波三折，“祸兮福之所倚，福兮之祸所伏”。本来以为多年奔波有了名利富贵，却不料大祸突然临头，犹如鸟的巢穴被焚，失掉根基，再次丧失了立身之处。这种变化，损失惨重，恰似丢失或死掉了一头牛，旅人彻底破产了，因此笑在先而哭在后。

注释：

旅：旅游、旅行、旅途、旅居、旅客。

旅贞吉：旅事需坚贞守正，才会吉祥如意。

旅琐琐：外出旅行时需注重仪表，神态不可猥猥琐琐。

斯其所取灾：这不啻是自己招惹祸事。

旅即次：旅外时首个寄居之所。

怀其资：身上带着钱财。

得童仆贞：通过正当渠道雇佣或买了一个童仆。

旅焚其次：旅居之所突然失火烧毁。

丧其童仆：童仆死了或离去，总之是丧失了。

贞厉：正义正道受到威胁，谋求真相有危险。

旅于处：旅行途中临时栖息之处。

得其资斧：意外获得很大一笔钱。

我心不快：并未因意外获得这笔钱而快乐。

射雉：围猎打野鸟飞禽。

一矢亡：一箭射死正在飞去的野鸡。

终以誉命：终于因为荣誉名声而获得重用。

鸟焚其巢：鸟巢被烧毁，如同根基被拔掉。

旅人先笑后号咷：旅人笑在先哭在后，成在前而败在后。

丧牛于易：旅人因事变而丧失了一头牛那样大的财富。

• 第五十七卦　巽卦：（风风巽）䷸

卦辞：巽，小亨。利有攸往，利见大人。

爻辞：

初六，进退，利武人之贞。

九二，巽在床下，用史巫纷若。吉，无咎。

九三，频巽，吝。

六四，悔亡，田获三品。

九五，贞吉悔亡，无不利。无初有终。先庚三日，后庚三日。吉。

上九，巽在床下，丧其资斧。贞凶。

巽象：重风叠起，强劲柔韧，无孔不入，一顺百顺。

卦辞解析：

巽乃风与木本质、性情、品格的象征，以巽喻人之风格品行：谦逊圆融，豁达随和，明哲智慧。与人交往的态度、方式和获得人心众誉的内在功夫，是人生事业理想成就的基础。

君子为申命达志，必须具备巽风、巽木幽柔而刚毅的性情风度，以诚恳中正的态度待人，秉持认真恭谨的作风处事，审慎视人待物，犹如和风温煦，无孔不入；又似劲风刚烈，荡涤晚秋。

巽风，品性逊顺，温柔祥和，宽宏大度，刚柔相济，左右逢源，无微不至，天下万物随风而动。在“乾坤坎离艮震巽兑”之八卦中，巽仅为一席，相对整个天道的大亨，只是小亨。亨，通达得利，畅行无阻，亦喻义小有收获。巽行，有利于事业发展，有长远影响力，并会遇到贵人，获得大人物的青睐与辅助。

风骨柔情，乃风的本性与品格，柔中有刚，刚中有柔，可以强劲浩荡，亦可温情脉脉。有道君子应具备巽风的风格品行，内修刚毅，外修柔情，能强能弱，能屈能伸，该逞强时则逞强，该示弱时则示弱，强弱皆不失其度。审时度势，放眼高远，不计一时之得失，不念一时之荣辱，不图一时之快意恩仇，以胸中宏伟远大目标为坐标，做人坚守原则，处事温婉圆融，豁达宽怀，像风那样善于抓住机遇，把握时机。或若春风化雨送暖，或若秋风清凉祛暑，因时而变，造福人间。

随从、顺流、乘机、借势，乃是古今诸多杰出人物成就事业的不二法门。

谦谦君子，风度翩翩，和悦恭谨，温文尔雅，但胸中隐忍着无比的刚强，谦逊是其恪守不易的美德，但过谦便是卑怯。如何完美把握呢？不卑不亢，以诚示人，最为恰当。谦而不谄，逊而不怯，自尊自重，威严若隐若现，与世人相交，不能失去自我。

爻辞解析：

“初六，进退，利武人之贞。”人生命运起伏跌宕，进退之策当审时度势，因时而变，顺势而为，进退不失其度。抉择进退之时机，当学武人在战场上果敢立断、雷厉风行的风骨和勇气。若太过优柔寡断，会贻误良机，酿成终身遗恨。

“九二，巽在床下，用史巫纷若。吉，无咎。”以“巽在床下”象征君子处于失势状态。史鉴可知，卜筮亦可验证，大量现实也充分表明，早已是众说纷纭的事情。这种情势乃自然天道，系阴阳交变、时空转换、君子道消小人道长之必然现象，其本质上是吉利吉祥的，没有什么可担心与忧烦的。

“九三，频巽，吝。”任何事皆需适度，过于频繁地巽行，譬如频频向人示好，不免会显得虚伪，被误会是在献殷勤，容易招人诟病，会无端给自己带来意料不到的阻碍和麻烦。

“六四，悔亡，田获三品。”毫不动摇自己的信念，不再犹豫反悔，任何时候都保持不卑不亢的气节风度，坚定不移地遵从顺随主君行事，随行围猎时，因技艺超群，一举猎获到三种野味，喻义终于有了收获。

“九五，贞吉悔亡，无不利。无初有终。先庚三日，后庚三日。吉。”坚定不移秉持正义，自然吉利吉祥，摇摆不定的情绪完全消失，便不会发生令人悔恨的事情，这是没有任何不利因素的。起初，虽然有些不顺，开端不是很好，但结果满意。选择十天干中“丁戊己”日与“辛壬癸”日行事，可获吉运。

“上九，巽在床下，丧其资斧。贞凶。”巽的层次和火候需把握好，不能一直保持在较低层面或自始至终在“床下”的水平，更需适时更新提高，否则会造成重大损失，即“丧其资斧”。“巽在床下”的状况不改变，过分固执保守，不思进取，不仅仅损失财富，还会有更大的灾祸发生。

注释：

巽：风、木、顺随，风骨柔情，巽行柔韧。

小亨：虽为亨但度量较小。

进退：处世处事所采取的进退取舍之道。

利武人之贞：学习武将捕捉战机杀伐果决作风有利。

巽在床下：低调隐忍，谦逊恭谨，身架放得十分低下。

用史巫纷若：史实和占卜都可以充分鉴知验证。

频巽：频率过度、过分之巽。

田获三品：在田野里围猎，获得三种野味儿。喻义巽行有了收获。

贞吉悔亡：坚贞守正，吉利吉祥，毫无悔意。

无不利：没有任何不利之处。

无初有终：初始不妙，结果尚好。

先庚三日：十天干中的丁戊己日，取火生土之吉。

后庚三日：十天干中的辛壬癸日，取金生水之吉。

丧其资斧：意为损失大量钱财。

贞凶："巽在床下"的状况不改变，继续固守下去会招致灾祸。

• 第五十八卦　兑卦：（泽泽兑）䷹

卦辞：兑，亨，利贞。

爻辞：

初九，和兑，吉。

九二，孚兑，吉。悔亡。

六三，来兑，凶。

九四，商兑，未宁。介疾有喜。

九五，孚于剥，有厉。

上六，引兑。

兑象：兑泽口舌，上说下说，感天动地，人心凝聚。

卦辞解析：

兑为泽，如江河湖泊泉水溪流，滋润万物；兑为说，如口舌言语，醍醐灌顶开启心扉；兑为悦，如柔情似水和颜悦色之神态，颐养精神，哺育思想，熏化情操。

教育功能源于语言。文化潜移默化，令人内在精神充满无比强大的能量，铸就坚定之信念，可以使人以苦为乐，以死为荣，笑看风云，视死如归。

兑泽：滋润山川草木，灌溉田地禾黍，给养人畜，因而带来美好、幸福和喜悦。

兑说：语言温馨和谐，给人带来欣慰和启迪。

择水而栖，把握命脉，以语言交流交际，使人类得以生存和发展，逐渐由蛮荒趋向文明。江河、湖泊、海洋资源在人类生活中极其宝贵，古人常常为争夺水源而争讼乃至发生战争，即使今天，水源、水域控制权及环境保护，也是极为重要的课题。

兑泽的给养奉献品格，是圣贤与英雄人物思想情操的具体表现，是君子仰慕效仿的榜样；兑说的和悦生动言辞，是人类沟通的本领，只有生动形象、深刻感人的道理，才能打动人心，感召天下，凝聚更大的力量。

因此卦辞说，兑是亨通的，是有利于正义事业的。

在人与人的交流交际中，口说的作用极大，说是语言的智慧和力量，是关乎人生命运、生死荣辱之玄机。

好说客堪比千军万马，兵不血刃而屈他人之兵。苏秦凭三寸不烂之舌说服六国“合纵”联盟抗秦，诸葛亮舌战群儒联手东吴拒曹魏……

然而，口蜜腹剑亦是人事祸患的源头。在愚昧小人群中，口舌蛊惑之患丛生，凭空制造出许多麻烦，君子当远离避祸，谨言慎行，三思而后言，三思而后行。但是，演说大义、教化民众，当滔滔不绝，洋洋万言。说教乃国之利器，取天下治天下不可或缺。

卦辞解析：

“初九，和兑，吉。”和为贵，和为亲，和为至美至善，和为吉祥如意。和蔼的言辞述说，和悦的精神情志，祥和的思想情怀，吉运亨通，大吉大利。

“九二，孚兑，吉。悔亡。”心诚则灵，诚信犹如自然法则，是可以把握遵循的。君子一言九鼎，说到做到，信守诺言，真诚信实则吉利吉祥，不会发生令人悔恨的事情，或若失悔则有灭顶之灾。

“六三，来兑，凶。”凭空而至，毫无缘由地前来游说。例如，突然有人前来游说，让你参加一无所知的投资项目，以及合伙经营自己毫无经验的生意；或没头没脑地主动献殷勤取悦你，乃至不着边际、不合礼数地对你大加赞誉，缺乏真情实意地同你拉关系套近乎，这是不祥之兆，会带来祸患和灾难。

“九四，商兑，未宁。介疾有喜。”商业交流络绎不绝，平等协作和谐商谈，经久不息，其间虽然发生矛盾争议，好像患了小病小灾似的不太正常的状况，但交流双方侃侃而谈，仿佛有说不完的话，这仍然不失是一种值得庆幸喜悦的事情。

“九五，孚于剥，有厉。”对专事盘剥、窃取的奸商小人，太过恪守信誉讲规则，不懂得见机行事灵活把握应对，是有危险的，会招致意想不到的损失、麻烦，甚至是灾难。这样的事例及教训，无论历史还是现实，可谓比比皆是，屡见不鲜。

“上六，引兑。”抛砖引玉，抛出论点，引发争议；引经据典，高谈阔论，危言耸听，蛊惑人心；启发诱导，广揽视听，引领、左右舆情，以及用美好祥和的言语给人带来温馨喜乐的心情；等等。

注释：

兑：泽、说、悦、喜悦、和悦、愉悦，润泽、恩泽、滋养。

和兑：和平、和亲，和谐美好的语言交流交谈。

孚兑：诚信的说辞，信守承诺，一言九鼎。

来兑：不请自来的说客，无缘无故的搭讪、攀谈。

商兑：事关商业事务方面的交流、洽谈。

孚于剥：依赖钻营窃取手段，专门从事剥削业务。

有厉：有危险、危害。

引兑：抛出论点，引起话题，引发议论，启发谈资，引领舆情，诱导泄密，等等。

• 第五十九卦　涣卦：（风水涣）䷺

卦辞：涣，亨。王假有庙。利涉大川，利贞。

爻辞：

初六，用拯马壮，吉。

九二，涣奔其机，悔亡。

六三，涣其躬，无悔。

六四，涣其群，元吉。涣有丘，匪夷所思。

九五，涣汗其大号，涣王居。无咎。

上九，涣其血，去逖出。无咎。

涣象：水上刮风，波涛汹涌，浪花飞溅，涣散一片。

卦辞解析：

涣，本质上是通达有利的，是符合自然发展规律的，系阴阳转换否时否势上位所致。这是一种危险现象，犹如劲风乱舞，洪水四溢，忧患频生，灾难陡起，利已为害，益已成灾。涣散相对于凝聚牢固，对应社会人事、民心及个人精神等方面，是一种松懈散漫、纷乱无序状态。但是，有道明君凝风聚水，避害趋利，若伟大的舵手，乘风破浪，扬帆远航。借助宗庙祭祀祈福，以天地、先祖神灵的意志，聚人心，定民志，举大事，克大难，改革创新，这是有利于天下太平的重大举措，是坚守正道的神圣使命。

涣，尾大不掉，自由泛滥，各自为政，独断专行。任何事物都是矛盾的，有利有弊，有益有害，因此人的主观因素就出来了：持中守恒，大乱大治，大散大聚，治乱聚散有利有力。涣散有利于圣贤以信念将民众都团结起来，将人心都凝聚起来，同心同德，共创大业。

一个有志向有智慧的君子，追求既有价值有意义又自由自在的人生际遇，无可厚非。但必须克服自由散漫的习气，适中把握自我的自由度。否则，过分则为害，太失控就会变成涣散，终将一事无成。更不能因为太久的坚持而无明显效果灰心丧气，失去斗志乃至任由惰性滋生，松弛懈怠，随波逐流，丧失最后成功的机会，酿成终身遗恨。

《象传》曰："君子以自强不息。""君子以致命遂志。"

一个国家，一个民族，涣散是最大的忧患，信仰缺失是涣散的根源。一个家庭和单位亦如是。有道是：人心齐，泰山移；万众一心，黄土变金。

传播中华优秀传统文化，树立崇高的人类信仰，是治涣聚散凝聚民心最有效的办法，也是一个胸怀大愿、以济世教民为己任的文化人义不容辞的神圣职责。

爻辞解析：

"初六，用拯马壮，吉。"治理涣散需用大力，需采取得力措施，任用的人才，犹如强壮健硕、负重承载的宝马良驹，才能立竿见影，收到良好效果，才会逐步呈现吉兆吉运。

“九二，涣奔其机，悔亡。”治理涣散是有契机的，要选择恰当时机，适应客观形势的需要，机会来了便乘势而动，紧紧抓住不放。不可犹豫迟疑，坐失良机。若此，便不会有令人悔恨的事情发生。否则，将会有大灾大难。

“六三，涣其躬，无悔。”仅仅是肉体上的涣散不算什么大问题，尚不足酿成令人产生重大悔恨的灾难祸患，可怕的是思想精神上的涣散，这会让一个人失去灵魂，成为行尸走肉。一个人是这样，一个家庭、一个单位乃至一个国家也是这样。

治理涣散需先从其身体上的懒惰着手，令其振作起来，行动起来，组织其参加工作、学习及各种培训活动，不可再任其自由散漫，无所事事。这种循序渐进的做法是不会有悔的。

“六四，涣其群，元吉。涣有丘，匪夷所思。”以强有力的措施解除小山头、小团体、小宗派群聚问题，这是治理涣散的根本，是从源头实质上把握处置，是正义正道，大吉大利。但涣散其核心人物及庞大势力集团就很难办，非寻常思维所能及，需苦思良谋，深谋远虑，要做好充分准备。其奸党首脑能量超大，而且负隅顽抗，必须付出巨大努力才能奏效。

“九五，涣汗其大号，涣王居。无咎。”大乱大治，治涣改革举措需不断深化，更换其年号、旗号，不惜流血流汗，进而占据其巢穴居所，彻底更换其人马班底，肃清尸位素餐官职人员，调整组织机构，从而达到恢复光明正大的政治局面。只有这样，才不会失误或留下遗患。

“上九，涣其血，去逖出。无咎。”涣散其污浊之血液及滋生腐败邪恶的土壤，将一切忧患因素尽皆清理铲除。改革者通过民心离散之涣象，及时准确捕捉到治涣平乱的契机，使革命大业继续沿着利国利民的光明大道前进。

注释：

涣：涣散、松懈、散漫、流离、放任自流、纷乱无序。

王假有庙：君王借助宗庙祭祀凝聚人心，除却涣散。

用拯马壮：人才犹如宝马良驹，承载负重。

涣奔其机：治涣需选择恰当时机。

涣其躬：一个人的涣散是先从身体懒惰开始的。

涣其群：小团体、小宗派是涣散的群体，需予以解除。

涣有丘：涣有难以克服的山头及核心，必须攻克。

匪夷所思：非平常思维所能理解、想象和解决问题。

涣汗其大号：像挥发汗水一样改换其年号、旗号。

涣王居：占据其首脑、主谋居所巢穴。

涣其血：将其滋生腐败、邪恶的污血换掉。

去逖(tì)出：将一切忧患因素清理铲除。

• 第六十卦　节卦：（水泽节） ䷻

卦辞：节，亨。苦节，不可贞。

爻辞：

初九，不出户庭，无咎。

九二，不出门庭，凶。

六三，不节若，则嗟若。无咎。

六四，安节，亨。

九五，甘节，吉。往有尚。

上六，苦节，贞凶，悔亡。

节象：水盛泽丰，其势浩大，无堤以节，必生祸患。

卦辞解析：

节，宇宙之大法度。天地因节而成自然，社会因节而成体统，人类因节而有男女分别，太极因节而分阴阳两仪、四象、八卦。反之，则世界混沌无序难成方圆，社会颠倒不齐，祸乱丛生。节即为艮止、适量、平衡、规则、法度，过节则演化因素反向改变。因之，“苦节”不可坚持固守，否则，不利于正义的事业。

卦象显示，泽中之水本已丰盛，天水继续下流，两水相汇而过盛至险，必须加以节制。

泽中之水满溢，任其横流，必酿成灾，需要筑堤坝加以节制，如此才能变患为益，所以是通达得利的，有成果，有收获。但表现过正，以致这种正确的作为过分，及至“苦节”便会起反作用。任何事都需要适度，节亦不例外。

无论在文字表述上，还是在日常生活中，节的字眼都不陌生，可以随口说出一些来：节日、节气、节点、节约、节俭、节度，以及季节、气节、礼节、过节，等等。

自然界，无节而不分阴阳，无节而不成天地，无节而没有昼夜晨昏，无节而没有年月日时，无节而不成风霜雪雨，无节而不现江河湖海，无节便没有万物盎然竞生的美妙世界。

人类社会，无节便会战乱频生，横祸遍地，生灵涂炭，历史上许多苦难时期，无不因失节而起。

一个正常的人亦不可失节。人生过程中无法避免法律上、道德上、习俗上、言语上以及劳逸、欲望、爱好甚或喜怒哀乐忧等之节，节无处不在，须臾不可游离。

有节事事通达顺遂，无节步步坎陷、艰阻。

节乃国家之法律法规，社会行为之准则准绳，是人类社会极其重要的事务，国事、家事、人事有节方能平衡有序，有节方能中行不变，有节方能长久永恒。

“富贵不能淫，贫贱不能移”，君子持节守节不移，永远遵循天道人伦乃人生大节。

爻辞解析：

“初九，不出户庭，无咎。”足不出户，独居静守在家中，或治学练功，或修身养性，避免时常西家出东家进，四处乱窜招惹是非，如此便不会出差错和惹麻烦上身。此乃户庭之节。

“九二，不出门庭，凶。”因怕出错和惹事儿，哪里也不去，可谓大门不出，二门不迈，自闭死守在自家的庭院里，与世隔绝，什么也不做，此乃“过节”，自然是凶兆，长此以往会有灾祸发生。

“六三，不节若，则嗟若。无咎。”若不知节便会发生令人忧伤悲叹的事情。倘若因为不节而懊悔不已，这是很正常很可喜的现象，如此便不会在错误的道路上越走越远，因而也就不会产生太大的错误和麻烦。

“六四，安节，亨。”有节而安，安之于节，安守本分，持节守矩，上合天道地理，下合世道人伦，自然会通达得利，畅行无阻，无往而不胜。

“九五，甘节，吉。往有尚。”心甘情愿地持节守节，必然会尝到节的甜头。甘节美好高尚，有益有利，吉祥如意；坚持不懈地前行，必定会得到赞誉和嘉奖。

“上六，苦节，贞凶，悔亡。”节乃大法度，自然遵循以有时，社会遵循以有序，人类遵循以有为。然而，任何事过则反，节过则苦。“苦节”有违天道，若再继续固守会有危险。守节需坚定不移，再苦再难也不能失悔，悔退失节将带来灭顶之灾。

易之智慧：万事皆需持中守恒，践行中道中正中行，节亦不可违。

注释：

节：节约、节制、节度、节俭，过节、气节，枝节、竹节。

苦节：过度之节逆反转变。

不可贞：不可以过分持正固守，过正则反。

不出户庭：足不出户，潜身舍内。

不出门庭：禁足于大门庭院之内。

不节若：若不自节，必知其苦。

则嗟若：嗟哦悲叹，懊悔不已。

安节：守节则安，安之于节必平安无恙。

甘节：甘于守节必享其甜。

往有尚：继续前行进取将获嘉誉。

苦节：节之过度则适得其反。

• 第六十一卦　中孚卦：（风泽中孚）䷼

卦辞：中孚，豚鱼，吉。利涉大川，利贞。

爻辞：

初九，虞，吉。有它不燕。

九二，鸣鹤在阴，其子和之。我有好爵，吾与尔靡之。

六三，得敌，或鼓或罢，或泣或歌。

六四，月几望，马匹亡，无咎。

九五，有孚挛如，无咎。

上九，翰音登于天，贞凶。

中孚象：木生泽上，喜得滋养，恩德广施，诚化天下。

卦辞解析：

中孚乃虚怀中直、真诚守信之意。诚信对于豚鱼这类低级动物都深刻见之，何况于人呢？诚信是一种规则，像时钟一样可以依据，亦如天道天理可信可守。

诚信是做人的本分和准则，是对外交往的形象和标识，是取得友情和爱意以及合作共事的先决条件和基础，更是谋大事举大义解决重大命脉问题必不可少的宝贵资质和根本保证。诚信与天意天机相契相合，与人间道义伦理相辅相成，诚信因坚守正道而得益获利。

卦象表明，风施波受，彼此有所感应感化，因受感化而迎合，因受感化而生情，久而久之成规则，从而方有诚信。由此可见，感化之于诚信最为重要。

“中孚”诚信取意于禽鸟孵化信期，体现其规律性质，饲养过猪、鱼的人都了解，猪、鱼对喂食时间有准确感知，时间到了，它们一定会跑来进食。作为人类，更应该对规律有充分的认识。

孔夫子曰：“天何言哉？四时行焉，百物生焉。”不言之行，不言之教，乃大规律、大诚信。诚信是吉运亨通、大吉大利的，天地以准时的日夜交替、季节变化而使万物有所依从遵循，从而成就繁荣美妙的大千世界。君子贤达因坚守诚信而获得广泛信任与支持，从而推动事业顺利前行。

诚信有益于克难排险，最终战胜一切艰阻获得成功。古代正人君子把诚信看得比生命更重要。先祖圣贤倡导的五德“仁义礼智信”，是中华民族千古不移的信念。“君子一言九鼎”“君子一言既出，驷马难追”“君子一诺千金”。以诚信为立身之本，以诚信获取民心，以诚信取天下。

诚信不仅是道德，更是一种智慧。放眼古今中外，哪个无义无信之人不是小丑？哪个失信之人不被唾弃？究其根本，除了品德问题，更多的是智商太低，鼠目寸光，只图眼前小利及一时得失，而丧失长远目标。

信乃大智，信乃大谋。恪守诚信只可对正人君子善类，不可毫无条件地对邪恶小人败类，对敌人就更不能轻易提及，而对自己所爱的人，守信是坚定不移的责任，只有如此才能获得对方的真情实意，被自己所爱的人信任是莫大的幸福、莫大的幸运，只有双方的坚信不疑，忠贞不渝的情感才能缔结。

孤家寡人难成其事，有知心换命的伙伴才能成功，诚信的心灵互相感应，心心相印，心诚则灵，天地可鉴。

爻辞解析：

“初九，虞，吉。有它不燕。”践行诚信需审慎，有忧则安，无忧则危。居安思危，方得保全，从这个意义上讲，有忧虑、疑惑、有不测之感乃吉祥之兆。但是，总是犹豫不断，则会疑神疑鬼，好似有蛇活动的地方，燕子就不会来垒巢居住，即便是有也会弃巢而飞走。

“九二，鸣鹤在阴，其子和之。我有好爵，吾与尔靡之。”母鹤在暗处或隐身之处鸣叫，远处小鹤随即回声应和，小鹤知道母亲那里有好吃的东西，叫自己快过去分享。此爻以鹤母子之鸣和，共同分享美食之喻，说明感化感应的作用及意义。

“六三，得敌，或鼓或罢，或泣或歌。”遭遇敌人或者击鼓进攻，或者罢兵撤退，得胜则欢歌庆贺，失败则悲伤哭泣，只有这两种选择和结局。这是必然的规律，类似诚信的东西，该来的一定会来，是不以人的意志为转移的。

“六四，月几望，马匹亡，无咎。”时值月中，东方天际一轮皓然明媚的月亮几近圆满，明亮皎洁的光晕映照大地如同白昼。恰值这祥和美妙的夜晚，家中的马匹却不知跑到哪里去了。月亮圆满之象呈现出吉利吉祥之兆，因此可以预断不会有什么太大的忧患和麻烦。

“九五，有孚挛如，无咎。”果然不出所料，马匹失而复得。或许是被人送回来，或者老马识途，自行而归，这都是与类似诚信的内在联系所起的作用，自然是没有什么可担忧的。

“上九，翰音登于天，贞凶。”野鸡想让自己的叫声达至天际，显然这是不切实际的空想，违背自然、规律，若执迷不悟，一再坚持必然产生不利因素，乃为凶兆。野鸡因其物种的局限，只能飞低些才能听到它的叫声。

任何事都不能太过，诚信亦然，过分执着超越一定的限度，追求极致会变得痴愚呆滞，应视具体状况、实际情形而定。

注释：

中孚：诚信、守信、践诺、忠诚、法则、规律。

tún
豚鱼：豚，小猪。猪鱼亦知时知信，信及猪鱼。

虞，吉：意为不测、疑虑、忧患意识的存在乃为吉兆。

有它不燕：有蛇的地方燕雀岂得安居。

鸣鹤在阴：母鹤鸣声于幽暗处传出。

其子和之：小鹤闻声亦鸣以应和母鹤。

我有好爵：母鹤告诉小鹤，这边有好吃的东西。

mí
吾与尔靡之：母鹤叫小鹤快过来共同分享。

得敌：遇到敌人。

或鼓或罢：或击鼓迎战，或偃旗息鼓退却。

或泣或歌：败则哭泣，胜则欢歌。

月几望：时值望月，月亮几近圆满。

马匹亡：马匹丢失或死亡。

luán
有孚挛如：与诚信相联系所起的内在作用。

翰音登于天：翰音，野鸡的飞鸣声。野鸡梦想自己的叫声达至天际。

贞凶：过分固执苛求是为凶兆，会有灾祸发生。

• 第六十二卦　小过卦:（雷山小过）䷽

卦辞：小过，亨，利贞。可小事，不可大事。飞鸟遗之音，不宜上，宜下。大吉。

爻辞：

初六，飞鸟以凶。

六二，过其祖，遇其妣。不及其君，遇其臣。无咎。

九三，弗过防之，从或戕之。凶。

九四，无咎。弗过遇之，往厉必戒。勿用永贞。

六五，密云不雨，自我西郊。公弋取彼在穴。

上六，弗遇过之，飞鸟离之。凶，是谓灾眚。

小过象：山上响雷，风雨将至，警醒世人，未雨绸缪。

卦辞解析：

人生在世谁能无过？过失使人获得经验，增长见识，因此说是通达得利的，有利于坚守正道。但小事则已，大事则不可，大事因小过可能酿成大灾祸，犹如鸟儿不宜飞得太高，飞太高就听不到它的叫声了。小过仅适宜小人小事，大人物谋政事小过亦不可，因小失大之事屡见不鲜。日常生活中，无论什么人，小过确实无法避免，如何掌控小过，把握平衡，乃是防止因小过而致大错的重要课题。

首先要正确理解对待小过，使之无伤大雅，甚至巧妙运用“矫枉过正”。在纠正错误时，尤其纠正大失误大过错时，不可畏首畏尾。改革创新开拓进取，不能一味怕犯错误，否则将一事无成。君子谋大业不可拘泥于小节，开创不凡人生，不能顾及小损小益、小名小利，人生奋斗中不能事事周全，不能怕失误而禁锢自己的思想，捆绑自己的手脚。小过与大过，小错与大错，是两个完全不同性质的问题，既不能怕有过犯错而战战兢兢，也不能凡事都粗枝大叶，要紧的是要分清孰轻孰重，把握大政方针的原则性与正确性。更重要的一点是要认清自己的身份，认清自己所处的位置，以及是在处理什么样的问题，紧紧把握大节，牢牢掌握大方向，是避免因小失大唯一正确的途径。否则，多吃一口是毒，多说一句是祸，无功便是过。

在事关重大原则重大命运问题上，要防微杜渐，丝毫疏忽不得。千里之堤毁于蚁穴，小针眼能透斗大的风，细枝末节关系成败，良好品质需从点滴养成。恰当把握小过与大节的关系，能够权衡其中的利害得失，当粗则粗，当细则细，谋大事不拘小节，处小事不失情理，乃大吉大利。

人生一世经历万千，有些小过失实在难免，无碍大局，因小过而得到警示获得经验，果断采取整改措施，堵塞漏洞，防患于未然，最终的结果会是吉利吉祥的，千万不可犯大糊涂，酿出抱憾终身的悔恨。

平民百姓小失过影响面不大，但身居高位的大人物，举足轻重，小过亦可误国误民，须当谨慎。

世界上一切事物都是在一定程度上保持稳定，超越这个度量的限制，就会失衡，并逆向演变转化，好则会变坏，利则会为害，福则会成祸。《系辞》曰："善不积不足以成名，恶不积不足以灭身。"由此可见，日常生活中偶尔有点小过错尚可，但决不可屡犯，甚至积恶成习，以致酿成大患。相对小事小过的大事大过，关乎重大命运、命脉问题，稍有不慎便会损失惨重，乃至满盘皆输。因此，古圣贤一再谆谆教诲，君子当心存敬畏，谨言慎行，谦虚低调做人处事，踏实稳妥地生活工作，使自己一生立于不败之地。

爻辞解析：

"初六，飞鸟以凶。"鸟在天上飞，飞得越高越远风险越大，前程未可知晓。犹如人生际遇，出行、谋事、进取、圆梦，动则有险，可谓“人有旦夕祸福，天有不测风云”。漫漫人生路，福祸如影随形，前途难以预测，君子当居安思危，时时刻刻莫忘修身养德。

“六二，过其祖，遇其妣。不及其君，遇其臣。无咎。”小过卦讲的是过节过失，其主旨不可忽略。因此，“过其祖”应为总结祖上的过失错误，取得经验教训。祖父有个好妻子，因而使他避免了不少错误，但祖德比不上他的君王，君王因贤明崇德而有良臣，因此少有过失错误。“前人之失，后人之师”，总结前人的得失，学习前人的德能，如此才能减少失误和麻烦。

“九三，弗过防之，从或戕之。凶。”自己虽然没有这样的过失，但可以预防，若不以前车之鉴加以防备，任凭自己的性情随波逐流，为所欲为，不啻自杀，潜在的危险、灾祸随时随地都会发生。

“九四，无咎。弗过遇之，往厉必戒。勿用永贞。”总体上说，有点小过算不了什么大问题，无碍大局。但遇事不犯错最好，若犯了错不及时停止，继续前行就危险了，必然会遭到惩戒。必须根除得过且过的态度和心性，知错必改，并且要永远坚守这种决心和信念。

“六五，密云不雨，自我西郊。公弋取彼在穴。”天上阴云密布，却一直没有下雨，天象诡谲而多变，或继续积聚云层，直至积重雨落，或忽然一阵劲风吹来，云散天开。值此时机，有位公差衙役在我所居住处城西郊的一个洞穴中，用带绳索的箭头，猎获一只小动物，这是一种不正常的行为，很不妙。

“上六，弗遇过之，飞鸟离之。凶，是谓灾眚。”物极必反，从未犯过错，为了避免失误，太过谨小慎微，适得其反，犹如搭弓射箭，太小心翼翼了，结果错过了时机，鸟儿飞走了。人生机遇稍纵即逝，太过谨慎，以致一点风险也不敢冒，此乃不祥之兆，预示会有意想不到的灾祸发生。

注释：

小过：小过失、小错误，失中、失衡、过分、瑕疵。

可小事：在某些小事上有点小过失尚可。

不可大事：重大原则问题及国家大事，小过亦能酿成大祸。

飞鸟遗之音：鸟儿展翅飞翔，啼叫声遗落在半空中。

不宜上，宜下：鸟儿飞得越高，传来的叫声越小；鸟只有飞得低些，人们才能听到它的鸣叫声。

飞鸟以凶：鸟儿在天空飞翔，随时会遭遇危险。

过其祖：考察祖上的过失吸取经验教训，以为借鉴。

遇其妣：祖父因遇到个贤良的妻子辅助而显德。

不及其君：祖父的德能不如他的君王。

遇其臣：君王因崇德礼贤而获得贤臣良将。

弗过防之：虽然自己没有犯过类似的错误，但需预防。

从或戕(qiāng)之：任凭自己性情，随心所欲，随波逐流，等于在自杀。

弗过遇之：偶尔有点小过失也在所难免。

往厉必戒：小过不及时纠正，继续延续下去有危险，必然会遭到惩罚。

勿用永贞：从根本上解除隐患，并且要永远坚守正确的信念。

密云不雨：天上乌云密布，却一直没有下雨。

自我西郊：我居住在城西郊方向。

公弋取彼在穴：公差用梭镖在一处洞穴中猎杀了一只小动物。

弗遇过之：从未犯过错。

飞鸟离之：因瞄准时间太久鸟儿受惊飞走了。

是谓灾眚(shěng)：太过谨小慎微而适得其反，会致灾生患。

• 第六十三卦　既济卦：（水火既济）䷾

卦辞：既济，亨。小利贞。初吉终乱。

爻辞：

初九，曳其轮，濡其尾。无咎。

六二，妇丧其茀，勿逐。七日得。

九三，高宗伐鬼方，三年克之。小人勿用。

六四，繻有衣袽，终日戒。

九五，东邻杀牛，不如西邻之禴祭，实受其福。

上六，濡其首，厉。

既济象：水下流，火上炎，阴阳济，必有成。

卦辞解析：

既济，即通过艰难历程终于达成意愿，到达彼岸，取得圆满成功之境界。克难排险，艰难苦斗，渐行渐近，诸事具备，成功是自然的。卦象显示上坎下离，水自上下流，火自下上炎，水火既济。三阴配三阳达成平衡态，成功佳境如期而至。然而，成功只是个新起点，成功意味着某种意义上的失败。此乃易之阴阳交变，物极则反，周而复始，这是永恒循环的基本准则。

天地交而万物生，男女交而人类繁衍。水火既济意为阴阳和合，相辅相成，由因而果，夙愿达成，人生迎来了新一轮循环，这种新形势令人置身于一个完全陌生的环境。

当年初出茅庐，一文不名，经过艰苦努力，事业有成，或职位升高了，或买卖做大了，或学业进步了，人生迎来新局面。接下来的一切皆需要在完全不熟悉的层面和领域从头来过，许多问题需要重新认识、重新面对，从头学起、从头做起，以往所积累的某些成熟经验，也随之过期失效。

既济吉运亨通，通达得利是其自然之情状，但究其根源只体现在微观层面上，从宏观大势着眼，则仅仅是初始之吉，欲取得更新更大的成就，需付出更加倍的努力。否则，会始成终乱。

福祸相生，苦乐相依，历史与现实有多少活生生的人和事，多少悲喜剧无不在诠释这些道理。

“贞观之治”是中国历史上少有的太平盛世，其开创者唐太宗曾留下一句千古名言：“以铜为镜，可以正衣冠；以古为镜，可以知兴替；以人为镜，可以明得失。”

某种意义上，成功亦蕴含着失败，至少掩盖着诸多不利的因素，并定向逐渐演化，或者说成功只是另一个起始，如果不能深刻意识到这一点，危险和损害会随时而来。

以易学的思想智慧，事物发展到一定态势，必然要向另外一方面转化。六十四卦基本上每一卦都在讲这种演变，任何事情都不可以过分追求，穷尽则逆反，极至则异端生。君子当秉持中道，持中守恒，使事物尽量保持在一个平衡点上。阴阳平衡和合才能持久长远，此乃通天地玄机之大智慧。

爻辞解析：

“初九，曳其轮，濡其尾。无咎。”既济之初显示出来的问题，犹如车轮被拖拽，前行阻滞；亦如小狐渡河，尾巴浸在水里，每行一程都步履维艰，随时都会有跌倒或被激流冲走的危险。不免会心情迷茫、惶惑，前程一时还无法准确把握。但统观全局，大趋势上问题不大，没有太大的过失和麻烦。

“六二，妇丧其茀，勿逐。七日得。”妇人丢失了头饰或者假发之类，不用急着寻找。失而复得，得而复失，该得的得，该失的失，不要看太重，万事都需看开点儿。

“九三，高宗伐鬼方，三年克之。小人勿用。”商朝君王高宗率军征伐边陲小国鬼方，仗打得很艰难，一直苦战了三年才获胜，惨痛教训是用人不当，被奸邪小人所误。获胜班师回朝，贤臣良将委以重任，平俗小人赐予钱财，令其卸甲归乡逸养，这是明智之举。

“六四，繻有衣袽，终日戒。”原本色彩鲜艳的衣服已破烂不堪，却仍然舍不得扔掉，是为了以此戒惧心志，人生得意之时，千万不能忘记艰难困苦的岁月。

“九五，东邻杀牛，不如西邻之禴祭，实受其福。”祭祀贵在心存诚敬，虽然东邻以大牲举行隆重仪式，而西邻仅以普通春夏时节的薄祭，却仍然会承受福荫。心诚则灵，信仰贵在虔诚，神灵不慕富嫌贫。不杀牛而仅以平常物品献祭，已是无损大利了。

“上六，濡其首，厉。”既济之时，最忌被成功冲昏头脑，若头脑发热，或意志薄弱，思想逐渐被浸淫污染，这是最危险的。

易之思维：忧患意识系上升趋势，会由弱变强；安于享乐系没落趋势，会由强变弱。成功之时种种不利因素的风险会随时而至。古今多少事，皆败于成功时。

注释：

既济：既成、既定、既达、成功、达成、如愿、圆满、到达彼岸。

小利贞：在微观方面而非宏观大局上，有利于正道。

初吉终乱：既济时的运数最初是吉利吉祥的，随后便会逐渐向反方向转化而致乱象。

曳其轮：既济时犹如车轮被拖住难以前行。

濡其尾：亦犹如小狐泅渡，拖着被水打湿了的尾巴，艰难前行。

妇丧其茀（fú）：妇人丢失了头饰之类的东西。

勿逐：不用寻找追究。

七日得：周而复始，财去财来，往复不断，有失必有得。

高宗伐鬼方：商王高宗率军征伐边陲小国鬼方。

三年克之：一直攻打围剿了三年才告捷。

小人勿用：小人只可利令而不可重用。

繻(rú)有衣袽(rú)：色彩鲜艳的衣服变成破烂败絮。

终日戒：每天以此衣物警示自己，莫忘昔日艰苦历程。

东邻杀牛：东邻杀大牲祭祀，以盛状向天地祈福。

不如西邻之禴(yuè)祭：春夏之薄祭，祭祀贵在虔诚，心存真挚诚敬之情，即使薄祭亦会灵验。

实受其福：实实在在获得了福荫。

濡其首：头脑受到影响，思想被浸淫污染。

• 第六十四卦　未济卦：（火水未济）䷿

卦辞：未济，亨。小狐汔济，濡其尾。无攸利。

爻辞：

初六，濡其尾，吝。

九二，曳其轮，贞吉。

六三，未济，征凶。利涉大川。

九四，贞吉，悔亡。震用伐鬼方，三年有赏于大国。

六五，贞吉无悔，君子之光，有孚。吉。

上九，有孚于饮酒，无咎。濡其首，有孚失是。

未济象：离火上炎，坎水下流，阴阳失和，前程堪忧。

卦辞解析：

火上炎，水下流，阴阳错位失调不交，乃为未济。未济是通达得利、畅行无阻的，是符合天则天道的，因为它是通向既济的起点，没有未济，既济就无从谈起。由未济至既济，是周而复始的循环，是宇宙间一切事物必然遵循的规则。

其实，在某种意义上说，人永远是站在“未济”这个点上。一个人的生命终止前，永远站在起点之上。一个起点产生一个终点，一个终点又产生另一个起点，仿佛一环套一环，环环相扣，人生就是在诸多的终点与起点的缔结中慢慢度过的，成功—希望，希望—成功，直至生命终止。

生活中的困难犹如小狐渡河，常常充满困苦险难。尾巴被水打湿了提不起来，身体难以平衡，也许随时会被波浪湍流卷走，需要万分小心，摸着石头，缓缓而行，不可急躁冒进。在基础没打牢之前，过欲过望乃为凶兆，应该随时准备应对大的困难。

未济之时，既是生命的起点，亦是奋斗的起点。人类最高的智慧是在追求成功的过程中，平平淡淡地度日，只管尽心尽力地努力前行，慢慢欣赏沿途风景，该歇脚就歇脚，该启程就启程，人生永远在途中，一程程都是既济与未济的交汇处。

一呼一吸一息，一起一伏一平，自然演化中平息是短促的，动荡则是永恒。事业未竟，前途未卜，希望还在前头，需要继续努力。这时候可能困难重重，也可能丝毫把握不了最终的结果，心中不免充满了疑惑，因为仍处在奋斗境遇中，或仍保持着奋斗的状态，这时期还是亨通的，但在大势上没大的发展和影响力。

然而，天道不可违，阴阳终将和合。周而复始，生生不息的世界，注定要因时而变。冬去春来，夏去秋至，始就是终，终就是始，只是起点不同，形式、内容、环境等不同而已。甚至一切都改变了，但道变道亦不变，万变而不离其宗。生命的希望永远不会变，人生前进之路永无尽头，生命不止，奋斗不息，期盼中的成功，只是另一个起始。

小狐渡过了河，接着就会翻山越岭，上了这山下了那坡，前面还有河。

生命不灭，是以另一种形式存在着。成功与失败，结果当如何？奋斗的过程就是生活，奔向目标的过程经历才是最宝贵的，才是真正的获得。

“未济”是向目标奋进过程的“无为”状态，却是最具生命力和希望的“有为”状态，是事物过程中始的阶段。

爻辞解析：

“初六，濡其尾，吝。”生活中的苦难险阻犹如小狐狸渡河，面对宽阔的河面、湍急的水流，战战兢兢地踏着时隐时现的石头，拖着被水打湿了的尾巴，艰难前行，每走一步都充满了不确定性，稍有不慎，便会跌落水中被激流卷走。

“九二，曳其轮，贞吉。”人生前行中的困难，犹如车轮被羁绊拖拽着，每行一程都充满了艰辛，坚贞守道，不屈不挠，才会迎来喜庆吉运。

“六三，未济，征凶。利涉大川。”基础没有打牢之前，不可奢望取得大发展、大进取，过分的追求是凶兆。在战略上应处守势，稳打稳扎。如此有利于克大险、解大难，破除种种阻碍。

“九四，贞吉，悔亡。震用伐鬼方，三年有赏于大国。”未济之时，坚守正道才是吉利吉祥的，才不会发生令人悔恨的事情。商王为使天下臣服，决定乘机出兵征伐边陲小国鬼方，以震慑万国。西周为提升自己的影响力，率先出征，虽耗时三载，但因战绩卓著而受到商朝天子的封赏，从而达到了提升自己威望和影响力的预期战略目的。

“六五，贞吉无悔，君子之光，有孚。吉。”实践证明，坚贞守正大吉大利，无怨无悔。君子的美誉来源于毫无保留地恪守了诚信，使这无比美好的德行得到弘扬光大，从而才带来了吉运亨通的局面。

“上九，有孚于饮酒，无咎。濡其首，有孚失是。”未济渐变而有了成就，践行诺言同饮庆功酒，这是没有什么过失的。若是思想受到了污染或是让胜利冲昏了头脑，以至贪图享乐，肉山酒海，豪饮过度，会发生灾祸，这是规律性的。这种行为与现象是失误、失策、失道的，必将产生不良后果。

注释：

未济：未竟、未达、未成、未定、未决、未现、未果。

小狐汔济：小狐狸几近要渡过河。

濡其尾：被水浸湿了尾巴。

曳其轮：车轮被拖拽、阻碍，难以前行。

贞吉：坚守正义正道则吉利吉祥。

征凶：过分追求乃为不祥之兆，会有灾祸。

震用伐鬼方：出兵征伐边陲小国鬼方，以震慑其他诸侯国。

三年有赏于大国：征战三年才取得胜利，西周作为有功绩的大国受到商朝天子的封赏。

贞吉无悔：坚守正道获得了吉运，尽管付出了重大牺牲也无怨无悔。

君子之光：正人君子的美德获得了荣誉。

有孚：因为坚守了信念和诚信。

有孚于饮酒：信守承诺，同饮庆功酒，共同分享胜利成果。

濡其首：思想被浸淫污染，或被胜利冲昏了头脑。

有孚失是：规则犹如诚信，失去正义，注定会因果毕现。

三稿于 2020 年 12 月 3 日

后　记

中华文明始于《易经》，其源头泉流千古万世永恒不竭，是华夏儿女的生命之水、灵魂之泉。这部神奇的天书，纳自然天地玄机，蕴世道人伦奥秘，大千世界、唯心唯物，无所不包，大至无方无外，小至无几无内，幻化莫测，鬼神难辨，世人若能参透其精义一二，便受用无穷。

若此，无论你置身何处，无论你富贵贫贱，无论你已功成名就，还是正值艰难创业，只要学得了易道，便能从容应对一切，不会再有任何迷惑。

你可以就自己最关注、最深感困扰的任何重大问题，在易的智慧中寻找答案，你最终会获得高瞻远瞩、明确无误的指教和引导。易可以释疑解惑，指点迷津，把握人生命运，通达天道地道、世道人道，由此帮助你与天时随行，与地利亲附，以此修心、修身、立德、立业。

《周易》六十四卦卦辞，三百八十四爻爻辞，世人最难读懂，而古今释文繁杂，莫衷一是，且纰漏百出，难辨真伪，即便有一定文化造诣者也深感艰涩，难得其要领，甚至眼花缭乱，蒙头转向，如堕五里雾中，不得不急流勇退忍痛割爱，最终与易学绝缘。

笔者潜心学易十数载，夜以继日，梦缠魂绕，且越陷越深，难以自拔。然而，精诚所至，金石为开。笔者常常于夜半梦中获得灵感，于打坐中获得顿悟，更兼以矢志不移呕心沥血，以致命遂志的拼搏精神钻研（笔者因久伏案头凝神沉思而血脉阻塞，险些半边头脸麻痹成疾）。经日积月累，时刻精进，终于得滴水穿石之功，终将全部卦辞、爻辞用现代通俗文字逐一解读破译，实现了初衷大愿。

《易经》的激励、启迪、警示、教化功能实在是太大了，千言万语难以尽述，不禁无数次地感慨：祖先留下如此珍贵的遗产，太多的人因为读不懂而不能受教，实在令人遗憾。

就是在这样一种心境中，笔者年年岁岁一路走来，并以“乾”“困”“遁”“渐”“恒”的卦义，践行了君子的自强不息。

2021 年 1 月 28 日